Stephanie Faber
Hobbykurs Kosmetik

Naturkosmetik zum Selbermachen

Originalausgabe

WILHELM HEYNE VERLAG
MÜNCHEN

HEYNE RATGEBER
Nr. 08/9012

ISBN 3-453-41651-1

INHALT

TEIL I

THEORIE UND PRAXIS DER KOSMETIK-HERSTELLUNG

DIE SANFTE ALTERNATIVE:
NATURKOSMETIK

Wollte man ein Kochbuch schreiben und nicht ein Rezept-
buch für hausgemachte Kosmetika, müßte man keinerlei
Erklärungen dafür abgeben, warum man das tut. Denn beim
Essen und Trinken käme niemand auf die Idee, sich ausschließlich von vorfabrizierten, konservierten Erzeugnis-
sen der Nahrungsmittelindustrie zu ernähren. Jedem ist
bewußt, daß dieses Essen gesundheitsschädlich wäre, obwohl man dabei nicht unbedingt verhungern müßte. Für
Kosmetika gelten im Prinzip die gleichen Voraussetzungen.
Das mag zunächst unverständlich erscheinen, denn durch
die totale Industrialisierung heutiger Kosmetika ist vielen
der Gedanke, Pflegemittel für die Haut könnten aus ein-
fachen, frischen Zutaten bestehen und selbst hergestellt
werden, völlig abhanden gekommen. Nach wie vor sind
viele Menschen zwar davon überzeugt, daß natürliche Stoffe gute Wirkungen auf die Haut haben, aber sie kaufen nicht
etwa die frischen Zutaten, um sie selbst für die Schönheitspflege zu verarbeiten oder in der Apotheke anrühren zu
lassen, sondern das denaturierte, konservierte Fertigprodukt, das lediglich vage auf natürliche Zusätze hinweist.

Die Herstellung von Cremes und Salben, von Gesichtslotionen und Körperpflegemitteln hat eine lange Tradition,
und noch zu Beginn unseres Jahrhunderts wußte jede Frau
über die Zusammensetzung, die Zubereitung und die Anwendung von kosmetischen Mitteln mehr als wir sogenannten aufgeklärten Verbraucher. Es war selbstverständlich, kosmetische Präparate aus natürlichen Rohstoffen
selbst anzurühren oder beim Apotheker mischen zu lassen.

Das änderte sich mit dem Beginn des industriellen Zeitalters, als die Frauen anfingen, dem individuell hergestellten Schönheitsmittel das vorgefertigte Massenprodukt vorzuziehen. Durch die industrielle Massenfertigung von Kosmetika ging nicht nur die Kenntnis über die Zusammensetzung einzelner Stoffe allgemein verloren, es verschwanden auch die kostbaren Naturstoffe aus den Produkten. Heilwirksame Pflanzenöle wurden durch billige, hautfremde Mineralfette ersetzt; ätherische Parfümöle – viele von ihnen seit Menschengedenken als heilwirksam bekannt – machten synthetischen Düften Platz; naturreine Pflanzenauszüge wurden durch chemisch abgespaltene Stoffe ersetzt, ohne Rücksicht auf ihren natürlichen biologischen Verbund. Farb- und Konservierungsstoffe schließlich krönen die unnatürliche Komposition dessen, was heute als sogenannte Naturkosmetik oder Bio-Kosmetik verkauft werden darf. Mit dieser Pseudo-Naturkosmetik hat das hausgemachte Produkt nichts gemeinsam.

Meine Anklagen gegen die Praktiken der kosmetischen Industrie richten sich nicht allein gegen minderwertige Rohstoffe, überhöhte Preise und falsche Versprechungen im Hinblick auf die Wirksamkeit der Produkte. Zu kritisieren ist auch der massive Eingriff von Giftstoffen in die kosmetische Fertigung, der eine Selbstverständlichkeit in der Herstellungspraxis geworden ist. Von den Fußnägeln bis zu den Haarspitzen kommt heute der Konsument mit etwa 4000 biologisch gefährlichen und giftigen Chemikalien in Berührung, und das in einer Sparte, die Verjüngung, Gesundheit und Schönheit propagiert. Die Spitze des Eisbergs zeichnete sich 1976 ab, als es in der norditalienischen Stadt Seveso zu jener verheerenden Katastrophe kam. Aus den Kesseln einer Chemiefabrik entwich unkontrolliert Dioxin, eine Substanz, die Chemiker zu den giftigsten Verbindungen schlechthin zählen. Die Folgen dieses ›Betriebsunfalls‹ waren apokalyptisch. Seveso war nicht nur ein schreckliches Szenario der chemischen Industrie. Und die Beschäftigung mit jenen Stoffen, die Seveso produzierte, deckte ganz klar auf, daß ein wesentlicher Teil für die Herstellung kosmetischer Präparate verwendet wurde, wie etwa das giftige Desinfektionsmittel Hexachlorophen. Dem Hexachlorophen-Skandal folgte wenige Jahre später der Formaldehyd-Skandal. Obwohl Experten außerhalb der chemischen und der kosmetischen Industrie vor der Verwendung von Formaldehyd warnten, mußte es erst zu einigen Skandalen kommen, um den Verbrauchern die Augen zu öffnen.

Ob Hexachlorophen oder Formaldehyd oder irgendein anderer von der chemischen und der kosmetischen Industrie verwendeter Giftstoff zur Sprache kommt, es ist letzten Endes immer wieder das gleiche Strickmuster, mit dem das Gift unter die Leute gebracht wird: Man nehme den Stoff, sage niemandem, woraus er besteht, erkläre ihn zum Luxusartikel, verpacke ihn schön und verkaufe ihn teuer. Dieses mystische Verkaufsrezept funktioniert. Sein Erfolg basiert auf dem heidnischen Glauben, das unergründbare und teure Mittel sei das wirksamste für die Schönheit, der Reiz des Mysteriums zauberisch übertragbar. Etwas skeptisch wird es den nachdenkenden Verbraucher stimmen, weshalb die Produzenten der Luxuskosmetik so sehr um seine Sicherheit besorgt sind. Und spätestens bei der Lektüre der vom Bundesgesundheitsminister herausgegebenen ›Kosmetik-Verordnung‹ – unter Kennern schlicht ›Giftliste‹ genannt – wird er feststellen, aus welchen Stoffen die Mysterien gemischt werden, die Träume aus Seveso und Leverkusen. Und welch bequeme Möglichkeiten der Gesetzgeber dem Produzenten einräumt, des Verbrauchers Gesundheit ganz legal zu ruinieren. Wie also bringt man Chemiegifte unter die Menschheit und entschlüpft der gefürchteten Produzentenhaftung? Nichts ist leichter als das. Man hat ja den Tierversuch.

Die kosmetische Industrie gibt vor, der Tierversuch diene dem Schutz des Verbrauchers, und sie selbst ruft dafür die Verbraucherschutzverbände auf den Plan. Das Verwirrspiel klappt perfekt, denn die Verbraucherschutzverbände fordern nicht etwa das sofortige Verbot gesundheitsgefährdender Substanzen in Kosmetika, sondern in einem falsch-verstandenen Verbraucherinteresse *noch mehr* Sicherheit für ihre Anwendung. Nun soll das Konsumopfer vor Stoffen ›geschützt‹ werden, die es weder haben will noch verwenden sollte, da diese weder der Gesundheit noch der Schönheit dienen. Die Tierversuche erfüllen eine Alibifunktion im Interesse des Produzenten, sie bewahren ihn vor der akuten Produzentenhaftung und bescheren ihm gratis die langzeitliche Haftungsbefreiung, ein rechtlich sehr angenehmer Zustand. Denn daß der Verbraucher durch die jahrelange Anwendung gesundheitsschädigender Substanzen, die seine körperliche Abwehrkraft schwächen, seinen Organismus durchdringen und hier unendlich viele Möglichkeiten individueller Erkrankung verursachen, das wird verschwiegen. Dafür ist später die Krankenkasse zuständig.

Erst das Verbot der Tierversuche wird die Hersteller dazu zwingen, Verträglichkeit und Toxizität chemischer Keulen in unblutigen Alternativuntersuchungen zu prüfen. Es bietet sich der Test an Zell- und Gewebekulturen und anderen niederen Organismen an. Die Untersuchung an Materie, die Schmerz nicht empfinden kann, stößt bei den Kosmetikherstellern jedoch noch auf taube Ohren. Denn die neuen Testobjekte reagieren sehr empfindlich auf chemische Gifte, und im Toxizitätstest sterben sie schon bei minimalen Zusätzen der allgegenwärtigen Konservierungsmittel, sei es in Haarshampoos oder Hautcremes. Was im Tierversuch via Zwangsernährung als ›verträglich‹ unter die Menschheit gebracht wurde, das halten die sensiblen Mikroorganismen nicht aus. Um gute Ergebnisse im Zelltoxizitätstest zu erzielen, müßte man sanfte Kosmetik produzieren, und das deckt sich nicht unbedingt mit den Wünschen der Hersteller. Erst die Absage an aggressive Stoffe wird Kosmetik verbraucherfreundlich machen. Kosmetik ohne Tierversuche ist ein Beginn, Kosmetik menschenwürdig zu machen, und das ist eben mehr als nur verbraucherfreundlich. Es ist eine Möglichkeit, die Konsumopfer Mensch und Tier vor der Brutalität ihrer Ausbeuter zu schützen.

Naturkosmetik in der Praxis

Rohstoffe und Rohstoffbeschaffung

Die im nachfolgenden Glossar und im Rezeptteil aufgeführten Rohstoffe und Rezepturen knüpfen an die klassische Tradition der Salbenherstellung an. Natürliche Rohstoffe haben sich seit Jahrhunderten in der Praxis bewährt und der Menschheit mit ihrer Heilkraft gedient. Viele Rohstoffe sind in ihrer Zusammensetzung hautähnlich; so gleichen pflanzliche Öle, wie etwa süßes Mandelöl, Avocadoöl oder auch Lanolin, dem hauteigenen Fett und sind nicht hautfremd wie etwa Mineralöle. Hautähnliche Stoffe sind naturgemäß hautfreundlich und unterstützen die Funktionen der Haut. Natürliche Rohstoffe sind auch umweltfreundlich, sie belasten die Umwelt nicht, und bei ihrer Herstellung gelangen keine schädigenden Stoffe in das Abwasser oder in die Luft.

Die Natur ist üppig und vielfältig, Naturstoffe sind keine Retortenware vom Fließband. In der Natur sind *für alles* und *gegen alles* Mittel vorgesehen, und es wäre eine banale Fehleinschätzung – im Hinblick auf die Mannigfaltigkeit der Naturstoffe – zu glauben, daß alles, was die Natur hervorbringt, prinzipiell gut verträglich sei. Es ist vielmehr alles *nützlich* und dem Gesamten dienlich. Auch in der Natur kommen Gifte vor, die beispielsweise als Gegengifte in der Heilkunde eingesetzt werden, es gibt natürliche Stoffe, die für Mensch und Tier tödlich sein können, es gibt Stoffe, die ätzen oder durch ihre bakterientötende Wirkung Mikroorganismen vernichten. Aus der unendlichen Vielfalt dieses natürlichen Angebots hat sich der Mensch im Laufe der Jahrhunderte die Kenntnisse über die Eigenschaften der Naturstoffe erworben, er kann mit ihnen arbeiten und umgehen.

Alle in diesem Buch angegebenen Rohstoffe finden sich auf den Lieferlisten der Apotheken, und es sind keine Zutaten genannt, die Ihnen der Apotheker nicht besorgen kann. Zahlreiche Zutaten erhalten Sie auch in Naturkostläden, Drogerien und Reformhäusern. Um den Einkauf zu erleichtern, finden Sie die genaue Beschreibung der Zutaten sowohl in deutscher wie in lateinischer Sprache, da die Lieferlisten der Apotheken oft in lateinischer Sprache erstellt sind. Sollte Ihnen trotzdem die Beschaffung Schwierigkeiten bereiten, schreiben Sie an: NATUR MACHT SCHÖN, D-8196 Eurasburg. Sie erfahren dort die Lieferadressen für die Abnahme von kleinen Mengen; Apotheken und Naturkostläden geben Auskunft über einschlägige Großhandelsfirmen, die Naturprodukte liefern.

Qualität und Frische

Die Qualität der Rohstoffe bestimmt auch die Qualität, die Wirkung und die Haltbarkeit des Endprodukts. Die in den Apotheken geführten Rohstoffe unterliegen einer gesetzlich festgelegten Qualitäts- und Reinheitskontrolle, die im

Deutschen Arzneibuch (DAB) detailliert festgehalten ist. Je vollkommener die Qualität der Rohstoffe ist und je frischer die einzelnen Zutaten sind, mit denen Sie Kosmetika zubereiten, desto besser ist Ihr Endprodukt. Mit ranzigen Fetten und Ölen oder mit verfälschten und minderwertigen Ölen läßt sich keine brauchbare Creme zubereiten. Ähnlich wie man beim Essen nur mit hochwertigen Rohstoffen gute Gerichte bereiten kann, so ist es auch bei der Kosmetikherstellung.

Verträglichkeit

Nicht jeder Stoff wird von jeder Haut gleichermaßen gut vertragen. Auch ist die menschliche Haut kein Retortenprodukt, sondern sie reagiert individuell. Es gibt Allergien auf Erdbeeren und Allergien auf Pflanzenöle, obwohl generell zu sagen ist, daß Erdbeeren und Pflanzenöle hautfreundlich sind. Ein allergiegetestetes Produkt kann es deshalb nicht geben, weil die Allergie oder die Unverträglichkeitserscheinung an sich eine individuell auslösbare Hautreizung ist und das Allergen, also jener Stoff, der die Allergie auslösen kann, durch absolut hautfreundliche und harmlose Mittel auftreten kann.

Erfahrungsgemäß gibt es aber Stoffe, die häufiger als andere Stoffe als Allergene in Erscheinung treten; hierzu rechnet man unter anderem die Parfümöle. Altbekannte ätherische Öle aus Heilpflanzen zählen zu den wirksamen Schönheitsmitteln, und es ist ein Gesetz der Natur, daß da, wo Wirkung ist, auch Reizung auftreten kann. Der große Vorteil bei der Herstellung der Naturkosmetik ist es, mit Stoffen zu arbeiten, die man kennt, zu wissen, was in selbstgemachter Kosmetik enthalten ist. Sollte eine Hautreizung auftreten, läßt sich der Reizstoff rasch ermitteln. Heute ist jeder Dermatologe froh, wenn er eine komplette Liste der in Kosmetika enthaltenen Rohstoffe vorliegen hat. Diesen Dienst versagt ihm der Großteil der Kosmetikproduzenten, und der Patient muß sich langwierigen Allergietests unterziehen, bis man den allergieauslösenden Stoff gefunden hat. Und bei der Anwendung eines neuen Produkts weiß er wieder nicht, ob der allergieauslösende Stoff enthalten ist, da die volle Auszeichnungspflicht aller in Kosmetika verwendeten Rohstoffe vom Gesetzgeber nicht gefordert wird.

Ätherische Öle
in Kosmetika und Parfümerie

Die große Verschiedenartigkeit der Parfümöle wird in der Naturkosmetik und in der Parfümerie mannigfaltig genutzt. Jedes einzelne Parfümöl hat individuelle Eigenschaften, die richtig zum Einsatz gebracht werden müssen. Neben ätherischen Ölen, die für die Parfümierung von Hautcremes prädestiniert sind, gibt es andere, die sich aus den verschiedensten Gründen nicht für die Parfümierung von Pflegemitteln, die auf der Haut verbleiben, eignen: Einmal gibt es Parfümöle, deren Wirkung und Duft in Hautpflegemitteln unerwünscht und unangenehm, in Badezusätzen jedoch heilwirksam und nützlich sind; dazu gehören das Eukalyptusöl, das Latschenkiefernöl oder Edeltannenöl. Dann gibt es ätherische Öle, die wegen ihrer stark antiseptischen Wirkung Hautreizungen hervorrufen können, wie etwa das Nelkenöl oder das Lorbeeröl. Weiters gibt es Parfümöle, die sich durch den Einfluß von Licht auf der Haut verändern können. Diese photochemische Reaktion ist seit langem bekannt, und man weiß, daß beispielsweise Bergamottöl oder Petitgrainöl nicht in kosmetischen Mitteln, die auf der Haut verbleiben, verwendet werden sollen. Man wird sich erinnern, daß die Verwendung von Kölnisch Wasser oder von anderen Toilettwässern und Parfüms bei empfindlichen Personen durch den Einfluß von Sonne braune, scheckige Flecken hinterläßt. Und man weiß auch, daß man Parfüm nicht in der Sonne auftragen sollte.

Einige Parfümöle, die man nicht in solche kosmetischen Mittel einarbeiten sollte, die auf der Haut verbleiben, wo sie photochemischen Einflüssen unterworfen sind, eignen sich aber durchaus für die Parfümierung von Badezusätzen. Andere Parfümöle – wie etwa das Bergamottöl, das Lorbeeröl und auch das Petitgrainöl – geben köstliche Duftnoten für die Parfümierung etwa von Duftkissen, Riechsalzfläschchen, Potpourris oder Duftkerzen ab. Die Natur hat in ihren Parfümölen alle Hilfsstoffe vorgesehen, die für unseren täglichen Bedarf außerordentlich nützlich sind: Für wohlduftende Räume braucht man keine Raumsprays, in den Kleiderschränken keine giftigen Desinfektionsmittel gegen Motten, keine giftigen Insektenvertilgungsmittel im Haus und keine WC-Dufthilfen. Es gibt für alles einen natürlichen, einen nichtaggressiven und somit auch freundlichen Ersatz.

In der nachfolgenden Rohstoffzusammenstellung habe ich die spezifischen Eigenschaften und Wirkungen der Parfümöle aufgelistet. Bevor Sie mit Parfümölen experimentieren, sollten Sie sich immer über ihre spezielle Eignung informieren und im Rohstoff-Glossar nachlesen, welches Parfümöl sich für welchen Zweck am besten eignet. So lernen Sie zu unterscheiden zwischen ätherischen Ölen, die ausschließlich für die Parfümierung von Gegenständen und solchen, die, in einer speziellen Form, für die Parfümierung von Kosmetika eingesetzt werden können.

Fertigung

Reinlichkeit Arbeiten Sie in Ihrer Kosmetikküche mit absolut reinen Gefäßen und Geräten. Alles, was sich auskochen läßt, wie etwa der Rührstab des Mixers oder der Holzspatel, wird 10 Minuten in Wasser gekocht, und alle Geräte, die sich nicht auskochen lassen, werden unter fließendem Wasser gereinigt. Cremetöpfe kann man vor der Abfüllung mit Alkohol auswischen, in Flaschen Alkohol kurz einmal schwenken. Für diesen Bedarf verwendet man den in Apotheken erhältlichen, preiswerten Isopropylalkohol.

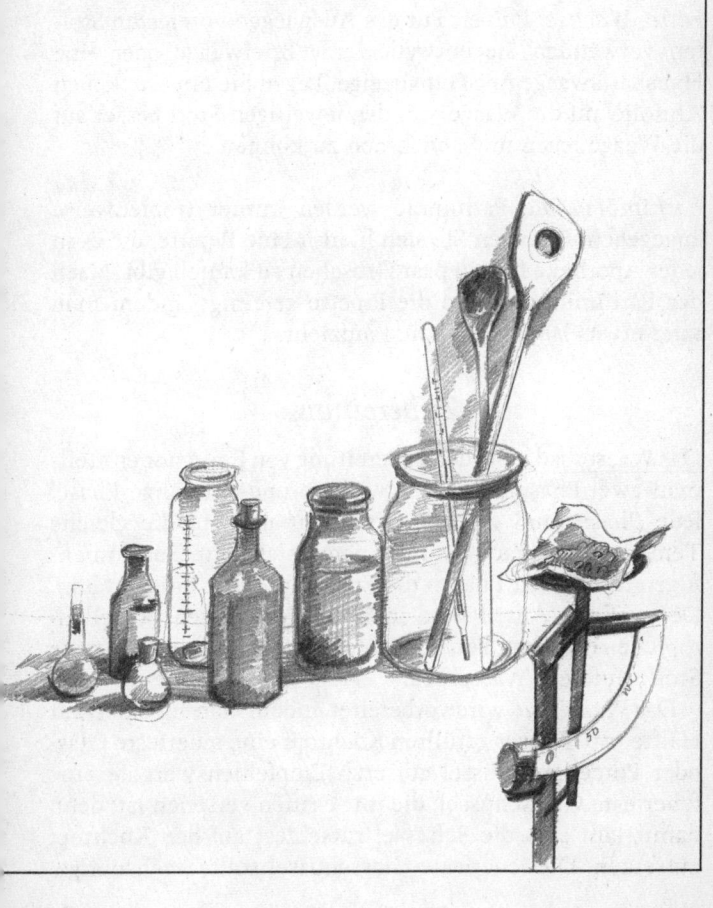

<u>Messen und Wiegen</u> *Flüssigkeiten und Öle:* Für das Wiegen von Flüssigkeiten oder Ölen verwendet man am besten einen kleinen Meßbecher aus Glas. Den mit Meßeinheiten gekennzeichneten Becher bekommt man in Haushaltswarengeschäften oder in Laborzubehörhandlungen. Man kann auch den für Babynahrung vorgesehenen Jenaer Meßbecher aus Glas verwenden, der in Apotheken und Drogerien erhältlich ist.

Fette, Wachse, Pulver: Für das Auswiegen von festen Stoffen verwenden Sie entweder eine Briefwaage oder eine Haushaltswaage mit Feinanzeige. Legen Sie ein Stückchen Alufolie auf die Waage, um den jeweiligen Stoff besser auf die Waage legen und abnehmen zu können.

Parfümöle: Die Parfümöle werden immer tropfenweise zugegeben. Besorgen Sie sich hierfür eine Pipette, die es in jeder Apotheke für ein paar Groschen zu kaufen gibt. Nach der Parfümierung wird die Pipette gereinigt, indem man kurz etwas Isopropylalkohol aufzieht.

Zubereitung

<u>Das Wasserbad</u> Bei der Zubereitung von Emulsionen stellt man zwei Phasen her, eine wäßrige und eine ölige Phase. Jede Phase muß gesondert erwärmt und auf die gleiche Temperatur gebracht werden, damit sich beim Zusammenfügen der beiden Phasen die Emulsion innig binden kann. Der wäßrige Anteil wird in einem feuerfesten Porzellantöpfchen erwärmt, Fette und Öle, Wachse und sonstige feste Stoffe auf dem Wasserbad.

Das Wasserbad wird vorbereitet, indem man auf einen zur Hälfte mit Wasser gefüllten Kochtopf eine feuerfeste Glas- oder Porzellanschüssel aufsetzt. Empfehlenswert ist eine feuerfeste Glasschüssel, die mit Griffen versehen ist, denn damit läßt sich die Schüssel rutschfest auf den Kochtopf aufsetzen. Die feuerfeste Glasschüssel sollte auch tief ge-

nug sein, etwa 7 cm, damit man später mit dem Handrührmixer die Cremes kalt rühren kann, ohne zu spritzen. Um
bei einer niederen Schüssel das Spritzen zu verhindern,
kann man auch aus dem Handrührmixer einen Rührbesen
entfernen und die Cremes mit nur einem Rührbesen kalt
rühren.

Temperaturen Die Temperatur spielt bei der Herstellung
von Emulsionen eine sehr wichtige Rolle. Wenn die Fett-
oder die Wasserphase zu heiß oder zu kalt ist, kann sich
keine perfekte Emulsion bilden; die Creme wird zu fest, sie
kann auseinanderbrechen oder Wasser absetzen. Um ganz
exakte Temperaturen zu haben, arbeitet man am besten mit
einem Laborthermometer oder einem Küchenthermome-
ter, wie es zum Einmachen gebraucht wird. Laborthermometer erhält man in Laborbedarfsgeschäften.
   Rühren Sie Ihre Cremes mit viel Geduld kalt. Man kann
das Kaltrühren nicht beschleunigen, indem man etwa einen
warmen Topf in kaltes Wasser setzt. Dabei muß jede
Emulsion zwangsläufig gerinnen. Selbst wenn die Creme
kalt gerührt ist, muß die Temperatur berücksichtigt werden: Die Cremetöpfe, in die Sie Ihre Creme abfüllen, sollen
möglichst nicht kellerkalt, sondern im Idealfall zimmer-
warm sein.

Handrührmixgerät Zum Kaltrühren von Wasser-in-Öl-
Emulsionen verwendet man ein elektrisches Handrührmixgerät. Es ist sinnvoll, sich für den elektrischen Handrührmixer ein zweites Rührbesenpaar zuzulegen, mit dem ausschließlich Kosmetika gerührt werden. Selbst wenn man
die in der Küche verwendeten Rührbesen in Wasser aus-
kocht, können doch feinste Speisereste an den Rührbesen
hängenbleiben.
   Die Wasser-in-Öl-Emulsionen werden stets auf kleinster
Stufe kalt gerührt, denn beim Kaltrühren von Cremes ist das
mechanische Rühren wichtig, nicht aber das heftige Rühren, das Sie durch höhere Stufeneinstellung des Handrühr-

mixers einstellen könnten. Die Emulsion muß sich langsam und gleichmäßig binden, und sie muß langsam und gleichmäßig abkühlen.

Im Gegensatz zur Wasser-in-Öl-Emulsion wird die Öl-in-Wasser-Emulsion nicht mit dem elektrischen Handrührmixer, sondern manuell mit dem ausgekochten Holzkochlöffel kalt gerührt. Der Unterschied zwischen einer Wasser-in-Öl-Emulsion und einer Öl-in-Wasser-Emulsion sei hier kurz erläutert: Generell kann man sagen, daß jede Creme einen fettigen, öligen Anteil und eine wäßrige Phase enthält. Sind in der Emulsion *mehr* Fette enthalten als Wasser, spricht man von einer Wasser-in-*Öl*-Emulsion. Überwiegen die Wasseranteile, dann handelt es sich um eine Öl-in-*Wasser*-Emulsion. Hierzu ein Beispiel: Butter ist von ihrer chemischen Beschaffenheit her eine Wasser-in-Öl-Emulsion, in ihr sind die Wasseranteile von Fett umgeben. Milch hingegen ist eine Öl-in-Wasser-Emulsion, in ihr sind die Fettanteile von Wasser umgeben. Bei der Herstellung von kosmetischen Milchen können sich Wasser und Öl nur unter Zuhilfenahme eines Emulgators binden. Das Kaltrühren der Milchen muß sehr langsam erfolgen; das mechanische Schlagen mit dem Handrührmixer ist nicht geeignet, die Emulsion zu binden. Man muß die Emulsion langsam und geduldig mit dem ausgekochten Holzkochlöffel rühren, bis sie sich eindickt.

Parfümieren   Die Parfümierung von Hautcremes nehmen Sie erst dann vor, wenn die Creme durch das Kaltrühren handwarm abgekühlt ist. Ätherische Öle vertragen keine große Hitze, sie sind flüchtig und verlieren ihre Wirksamkeit und ihren Duft, wenn sie in zu warme Mischungen eintreten. Bei etwa 40 Grad kann man die Parfümöle mit der Pipette einträufeln, bevor man die Creme weiter geduldig kalt rührt.

Klarfiltern   Das Klarfiltern spielt eine wichtige Rolle bei der Herstellung von Gesichtswässern, Lotionen, Rasier- und Mundwässern. Wenn wäßrige oder alkoholische Pflanzenauszüge angesetzt sind, drückt man das Füllgut – die mit Wasser vollgesogenen Pflanzenteile – zuerst durch ein fein- maschiges Küchensieb. Dabei bleiben in der gewonnenen Flüssigkeit noch zahlreiche, unmerklich feine Kräuterbe- standteile zurück, die durch Gärung zum frühzeitigen Ver- derb der Fertigprodukte führen können. Schon aus diesem Grund filtert man nicht nur die Kräuterauszüge, sondern alle Wässer nach der Fertigstellung klar.

Ich verwende hierzu einen Trichter – Durchmesser 11,5 cm –, lege Kaffeefilterpapier Melitta 102 ein und lasse die zu filternde Flüssigkeit direkt in meine mit Meßeinhei- ten gekennzeichnete Jenaer-Glas-Babyflasche laufen. Das hat den Vorteil, daß man an der Flasche gleich die Menge der gewonnenen Flüssigkeit ablesen und entsprechend große Flaschen für die Abfüllung bereitstellen kann.

Haltbarkeit und Aufbewahrung

Es wäre ganz einfach, die Produkte der Naturkosmetik durch zusätzliche Konservierungsstoffe auf lange Zeit halt- bar zu machen. Hier wird der Unterschied zwischen dem industriell gefertigten Retortenprodukt und dem natur- belassenen kosmetischen Mittel deutlich. In der echten Naturkosmetik ist es das Ziel, das Naturprodukt in seiner biologischen Einheit ungestört zu lassen, was durch Beifü- gung von Konservierungsmitteln nicht möglich ist. Konser- vierungsmittel schädigen nicht nur die biologische Einheit eines Produkts, sie stören auch die natürlichen Hautfunk- tionen. Denn die keim- und bakterientötende Wirkung der Konservierungsmittel hört nicht in dem Augenblick auf, in dem die Produkte mit der Haut in Berührung kommen; sie wirken auf der Haut fort, greifen die natürliche Bakterien- flora der Haut an und führen zu vielerlei unerwünschten Nebenwirkungen. Bei der Selbstherstellung der Frischkos- metik entfallen lange Vertriebswege und jahrelange Lager- haltung, denn die übermäßige Konservierung findet weder im Interesse der Verbesserung des Produkts noch im Interesse des Verbrauchers statt, sondern lediglich im Interesse eines unproblematischen Vertriebs.

Zahlreiche natürliche Rohstoffe haben auch sanft konservierende Eigenschaften, welche die Haltbarkeit der Produkte mitbestimmen. Bienenwachs, Lanolin, Parfümöle oder Alkohol in Gesichts- und Rasierwässern tragen zur Haltbarkeit bei. Außerdem bestimmt auch die richtige Lagerung Ihrer kosmetischen Mittel deren Haltbarkeit. Hautcremes haben ihre Idealtemperatur zwischen 10 und 15 Grad. Kühlschranktemperaturen liegen durchschnittlich bei 8 Grad: Bei zu kalter Lagerung besteht jedoch die Gefahr, daß Emulsionen brechen. Was man früher als ›Speisekammertemperatur‹ bezeichnete, ist für die Lagerung von kosmetischen Mitteln ideal. Außerdem wirkt es sich sehr günstig auf die Haltbarkeit Ihrer Hautcremes aus, wenn Sie die Creme nicht mit dem Finger aus dem Cremetopf nehmen. Bakterien und unsichtbare Schmutzteilchen können dadurch leicht in die Emulsion eindringen. Verwenden Sie zur Entnahme der Cremes einen kleinen Holzspatel, den es in jeder Apotheke in Packungen zu zehn oder zwanzig Stück zu kaufen gibt. Gebrauchte Holzspatel kann man unter fließendem heißem Wasser reinigen und in Wasser auskochen.

Auch die Beschaffenheit der Gefäße, in denen Sie kosmetische Mittel abgefüllt haben, bestimmt deren Haltbarkeit. Parfümöle und Pflanzenauszüge sind lichtempfindlich, und schon aus diesem Grund füllt man sie immer in dunkle Apothekerflaschen ab. Hautcremes bewahren Sie am besten in einem Porzellancremetöpfchen auf, das Sie nach gründlicher Reinigung immer wieder verwenden können. Porzellan hält kühl und schützt die Inhaltsstoffe vor Lichteinfluß.

pH-Werte

Es ist in diesem Buch häufig von günstigen pH-Werten die Rede, und ich möchte hier kurz erläutern, was der Ausdruck pH-Wert eigentlich bedeutet. Der pH-Wert ist eine Meßzahl für die Anzahl von freien Wasserstoffionen (H) in einer Lösung.

Die Anzahl der Wasserstoffionen bedingt den Säuregehalt der Lösung, das heißt, je mehr freie Wasserstoffionen in der betreffenden Lösung vorhanden sind, desto stärker ist die Säure.

Zur Messung des pH-Wertes aller Lösungen hat man eine Skala von 0 bis 14 festgelegt. Sauer sind alle Werte unter 7 und basisch alle Werte über 7,5 bis 14. Streng neutral ist eine Lösung nur mit einem pH-Wert von 7,5. Da die Haut einen durchschnittlichen pH-Wert zwischen 4 und 6 hat und damit leicht sauer reagiert, ist für alle pflegenden kosmetischen Mittel der ideale pH-Wert in diesem leicht sauren, hautähnlichen Bereich zu suchen.

Messen kann man den pH-Wert entweder mit Lackmuspapier (Apotheke), das sich bei saurer Lösung rot und bei basischer Lösung blau färbt, oder mit anderen pH-Meßpapieren, bei denen sich die Färbung mittels Farbskala ablesen läßt.

Um den pH-Wert fester Stoffe, wie etwa Cremes, zu messen, verrührt man etwas Creme mit Wasser und hält den Meßstreifen in die Lösung. Nach dem Trocknen des Papierstreifchens ist die Farbe deutlich abzulesen.

Der natürliche Wasser-Fett-Film der Haut ist normalerweise sauer, und eine dominierende Funktion unserer Haut ist ihr sogenannter Säuremantel. Der saure Schutzmantel der Haut verringert die Wachstumschancen von Bakterien und Krankheitserregern. Störungen des Säuremantels der Haut – wie sie durch übermäßige Konservierung in kosmetischen Produkten ausgelöst werden – bilden die Grundlage für Hautunreinheiten aller Art, wie Pickel, Entzündungen, Juckreiz und Sensibilisierung der Haut. Aus diesem Grund wird man nicht nur auf zusätzliche Konservierung verzichten, sondern auch für die pflegende Kosmetik nur solche Mittel benutzen, welche dem natürlichen pH-Wert der Haut entsprechen, wie die in diesem Buch angegebenen Rezepturen.

Grenzen des Bedarfs

Bei der Herstellung natürlicher Kosmetika gilt das Prinzip, einen besseren Ersatz für jene Fertigprodukte zu finden, die im Handel entweder qualitätsmäßig zu minderwertig sind, oder auch solche Mittel zu ersetzen, die mystifiziert sind, was ihre Inhaltsstoffe und deren Wirkung betrifft. Auch sollte der Arbeitsaufwand für ein hausgemachtes Produkt im richtigen Verhältnis zu den Vorteilen stehen, die man im Vergleich zum Fertigprodukt hat. So wird man in der Kosmetikküche auf die Herstellung solcher Schönheitsmittel verzichten, deren Zubereitung theoretisch zwar möglich wäre, deren Aufwand jedoch in keinem Verhältnis zum Bedarf und zur Qualität des Ergebnisses steht. Dies betrifft vor allem die dekorative Kosmetik.

Auch Lippenstifte, Nagellacke und Rouge könnte man durchaus selbst fertigen, jedoch ist schon die Rohstoffbeschaffung mit großen Problemen verbunden und das Endergebnis keineswegs besser als die Qualität der im Handel angebotenen Ware. Hinzu kommt, daß die aus Naturstoffen gefertigten färbenden Mittel in ihrer Herstellungstechnik in der eigenen Küche unbefriedigende Ergebnisse bringen und die Anschaffung zusätzlicher Geräte nicht lohnend ist. So wird man sich zwar weiterhin auf das Industrieangebot dekorativer Kosmetika stützen, jedoch den Einkauf nicht ohne Nachdenken vollziehen. Zahlreiche Hersteller dekorativer Kosmetik orientieren sich an den Richtlinien des ›Deutschen Tierschutzbundes‹. Danach haben sie weder in den letzten fünf Jahren mit Rohstoffen und Endprodukten Tierversuche durchgeführt noch werden sie solche in Zukunft durchführen. Ich meine, wir alle sollten diese Bestrebungen im Interesse eines humanen Denkens unterstützen. Adressen dieser Hersteller erfährt man beim Deutschen Tierschutzbund e. V., Baumschulallee 15, 5300 Bonn 1.

ÜBER DEN UMGANG
MIT
HEILPFLANZEN

In der Kulturgeschichte der Körperpflege nehmen die Heilpflanzen den bedeutendsten Stellenwert ein. Die Entwicklung der Heilpflanzenkunde vollzog sich historisch in drei
Hauptphasen: Während der ägyptischen, der griechischen
und der römischen Antike wurden auf diesem Gebiet reiche
Erfahrungen gesammelt, die vor allem über die Araber nach
Europa gelangten. Die Erneuerung des wissenschaftlichen
Denkens und die häufigeren Entdeckungsreisen während
der Renaissance gaben den Pflanzenheilkundigen Gelegen-
heit, überlieferte Erkenntnisse weiterzuentwickeln und zu
ordnen. Der Fortschritt der modernen Wissenschaften seit
dem Ende des 18. Jahrhunderts führte zu einer bedeutenden
Erweiterung und Bereicherung dieses Wissensgebietes. Jede
Heilpflanze hat eine lange historische Tradition, die wir in
den zahlreichen Schriften der Pflanzenheilkunde nachlesen
können. In der Galerie bedeutender Pflanzenheilkundiger
finden wir Namen wie Hippokrates, Galenos, Paracelsus,
Hildegard von Bingen, Hieronymus Bock, Carl von Linné,
Pfarrer Kneipp. In der Volksheilkunde waren die heilenden
Pflanzen über viele Jahrhunderte hinweg die einzige Medi-
zin, und man entwickelte zahlreiche Methoden, um die
Wirkstoffe aus den Pflanzen zu extrahieren.

So wurden frische Pflanzen zerstoßen, um ihren Saft
abzupressen; für die innerliche und die äußerliche Anwendung bereitete man Tees, Abkochungen, Aufgüsse, Tinkturen, Extrakte und Essenzen. Diese Methoden der Wirkstoff-
gewinnung sind bis heute gleichgeblieben, und sie werden
Ihnen in zahlreichen Rezepten dieses Buches begegnen.

Damit Sie die heilenden und pflegenden Eigenschaften der Pflanzen kennenlernen, habe ich eine kleine Übersicht der wichtigsten Wirkstoffe der Heilkräuter zusammengestellt. Zunächst sind die gerbstoffhaltigen Kräuter zu nennen, die kontrahierende und antiseptische Eigenschaften haben, wie der Rosmarin und der Thymian. Sie wirken nicht nur porenverengend auf die Haut, sie sind auch heilend und entzündungshemmend. Ein anderer wichtiger Wirkstoff der Heilpflanzen ist der Pflanzenschleim, der beispielsweise reichlich in der Eibischwurzel, in der Quekkenwurzel und in der Malve zu finden ist. Die Schleimstoffe hüllen die Haut ein und wirken dadurch glättend, besänftigend und heilend. Kieselsäurehaltige Pflanzen, wie etwa das Zinnkraut (Schachtelhalm), festigen das Bindegewebe und sorgen für vermehrte Durchblutung und Klärung der Haut. Einen sehr wichtigen Platz nehmen auch die in zahlreichen Heilpflanzen enthaltenen ätherischen Öle ein. Man unterscheidet zwei Formen: die eigentlichen pflanzlichen ätherischen Öle und die Harze. Die Harze sind normalerweise in den ätherischen Ölen gelöst und erscheinen erst dann als zähflüssiger oder sogar fester Rückstand, wenn die Öle sich verflüchtigt haben. Ätherische Öle haben eine antiseptische Wirkung, und durch ihren angenehmen Duft regen sie den gesamten Organismus an; sie wirken entkrampfend, heilend und belebend auf die Haut. Andere Wirkstoffe, wie Glykoside, Alkaloide, Vitamine, Antibiotika und Mineralstoffe, wirken sekretionslösend, antiseptisch und reinigend. Die Pflanzen liefern ausgewogene Mischungen fast aller Spurenelemente. Und all diesen einzelnen Wirkstoffen ist die Heilpflanze in ihrer gesamten biologischen Einheit noch überlegen, denn sie enthält des weiteren auch zahlreiche teilweise unerforschte Begleitstoffe, die ihre Heilwirkungen in einem perfekten biologischen Ensemble zusammenwirken lassen.

Alle in diesem Buch genannten Heilpflanzen bekommen Sie in Apotheken und Kräuterhandlungen; manche der Pflanzen, wie Rosmarin, Thymian und Salbei, werden vielleicht in Ihrem eigenen Garten wachsen, und andere Heilkräuter, wie die Kamille, die Pfefferminze oder das Johanniskraut, werden Ihnen am Wegrand begegnen. Verbinden Sie einen schönen Sommerspaziergang durch Wald und Wiesen mit der Suche nach Heilkräutern, oder reservieren Sie in Ihrem Garten ein kleines Plätzchen für den Anbau von Heilpflanzen. Es ist eine herrliche Erfahrung, vor der eigenen Haustür die besten Mittel der Natur für Schönheit und Gesundheit vorzufinden.

Heilkräuter sammeln, trocknen und aufbewahren

Bestimmen

Sammeln Sie nur solche Heilkräuter, die Sie kennen und die Sie bestimmt haben. Es gibt zahlreiche informative Bücher mit detaillierten Beschreibungen und Abbildungen der Heilkräuter, und es ist empfehlenswert, ein Taschenbuch auszusuchen, das man auf seine Wanderungen mitnehmen kann.

Sammeln

Bevor Sie eine Pflanze schneiden, stellen Sie zuerst ihre heilwirksamen Pflanzenteile fest: die Blüten, die Blätter, die Wurzel oder auch das ganze Kraut. Schneiden Sie keine Pflanzen, die noch nicht voll ausgewachsen sind, wie beispielsweise Johanniskraut Anfang Juni, wenn die Pflanze erst im August zu voller Kraft und Blüte gerät. Informieren Sie sich zuerst über die günstigste Sammelzeit! Prinzipiell schneidet man alle Pflanzen nur bei trockenem Wetter und vorzugsweise bei vollem Sonnenschein, wenn der Stand des ätherischen Öls in den Pflanzen am höchsten ist. Denken Sie beim Sammeln von Heilkräutern auch an die Natur, schneiden Sie nur so viel, wie Sie wirklich verarbeiten wollen. Schneiden Sie niemals Pflanzen, die unter Naturschutz stehen, wie beispielsweise Arnika.

Transportieren

Frisch geschnittene Pflanzenteile sind druckempfindlich, darum legt man sie für den Heimtransport locker in einen luftigen Korb oder in einen Leinenbeutel. Reihen Sie sich nicht in den Kreis jener barbarischen Kräuter- und Pilzesammler ein, die frische Pflanzen in Plastiktüten quetschen. Kunststoff absorbiert nicht nur das ätherische Öl der Pflanzen, es läßt ihnen auch keine Luft, und das Sammelgut wird in sehr kurzer Zeit unansehnlich und vor allem unbrauchbar.

Trocknen

Zu Hause bereiten Sie die Heilpflanzen zur Trocknung vor. Breiten Sie die Heilkräuter auf ein luftdurchlässiges Korbgeflecht oder auf Papier aus. Die Trocknung der Pflanzen muß immer an einem luftigen, trockenen und schattigen Platz erfolgen, etwa in einem Speicherraum, auf dem Dachboden oder in einem trockenen Kellerraum. Je nach Pflanzenteil sind die Trocknungszeiten unterschiedlich: Blätter sind dann trocken, wenn sie rascheln wie Herbstlaub; Blüten, wenn sie sich anfühlen wie feines Pergament; Wurzeln trocknen, je nach Größe, in einem Zeitraum von vier bis sechs Wochen.

Aufbewahren

Heilkräuter müssen vor Licht und Feuchtigkeit geschützt aufbewahrt werden. Man kann sie in einen kleinen Pappkarton geben, den man mit einigen Luftlöchern versehen hat, oder auch in ein verschließbares Körbchen. Ungeeignet sind luftundurchlässige Behältnisse aus Kunststoff oder aus Metall. Länger als ein Jahr sollte man die Kräuter nicht lagern, da sie sonst den Großteil ihrer Heilkraft einbüßen.

Methoden der Nutzbarmachung von Heilpflanzen

Wäßrige Pflanzenauszüge

<u>Abkochungen (Dekokte)</u> Abkochung ist zwar ein üblicher, aber irreführender Begriff für diese Methode des wäßrigen Pflanzenauszugs, denn Abkochung heißt nicht etwa kochen lassen, sondern den Pflanzenauszug *warm* gewin-

nen. Die Abkochung aus Pflanzenauszügen benötigt man vor allem für die Zubereitung von Kräuterbädern. Je nach Menge und Verwendungszweck der Abkochung, etwa für Vollbäder oder für Fußbäder, gibt es zwei verschiedene Methoden der Abkochung:

1. Die zerkleinerten Pflanzenteile werden mit kaltem Wasser übergossen, eine halbe Stunde lang unter wiederholtem Rühren im Wasserbad erhitzt und danach warm ausgepreßt. Die gewonnene Flüssigkeit durch ein Mulltuch abseihen.

2. Bei einer größeren Menge von Pflanzen werden die Pflanzenteile in kaltem Wasser angesetzt und die Temperatur des Herdes auf kleinste Stufe eingestellt. So läßt man die bedeckten Pflanzenteile rund 20 Minuten ganz schwach sieden oder besser eher *ziehen* als sieden. Die fertige Abkochung wird durch ein feinmaschiges Küchensieb abgeseiht, bevor man sie weiterverwendet.

Aufgüsse (Infusa)   Auch Aufgüsse sind wäßrige Pflanzenauszüge. Einen Aufguß bereitet man im Prinzip wie starken Tee zu, wobei die Pflanzenteile, wie etwa Blüten oder Blätter, niemals gekocht, sondern mit kochendheißem Wasser übergossen werden. Aufgüsse verwendet man in der Naturkosmetik vor allem für Haarspülungen. Es gibt zwei Methoden:

1. Rechnen Sie ein Teil Pflanzenteile auf zehn Teile Wasser. Die zerkleinerten Pflanzenteile werden mit siedendem Wasser übergossen, 5 Minuten lang unter wiederholtem Umrühren im Wasserbad erhitzt und nach dem Erkalten ausgedrückt. Die Flüssigkeit durch Mull oder ein feinmaschiges Küchensieb abseihen.

2. Bei der zweiten Methode legt man die Pflanzenteile in eine Porzellanschüssel und bedeckt sie mit kochendheißem Wasser. Die besten Ergebnisse erzielt man, wenn die Pflanzenteile mindestens drei Stunden lang durchgezogen haben. Dann seiht man die Flüssigkeit entweder durch ein feinmaschiges Küchensieb oder Mulltuch ab und drückt dabei die Pflanzenrückstände gut aus.

Kaltauszug   Wenn die Wirkstoffe der Pflanzen keine Hitze oder Wärme vertragen, setzt man den wäßrigen Auszug kalt an, wie beispielsweise zur Herstellung von Gesichtswässern. In einem bedeckten Porzellan- oder Steingutgefäß bleiben die Pflanzen 5 bis 12 Stunden stehen, bevor man sie abseiht und die Flüssigkeit klarfiltert.

Tee   Auch Tee ist ein wäßriger Pflanzenauszug. Für die Zubereitung von Kräutertee rechnet man einen halben bis drei Kaffeelöffel getrocknete Pflanzenteile auf eine Tasse Wasser. Man gibt die Kräuter in eine Kanne aus Porzellan oder Keramik, übergießt sie mit kochendheißem Wasser und läßt die Mischung 10 Minuten ziehen, bevor man sie abseiht.

Alkoholische, weinige und Essigauszüge

Tinktur   Manche Pflanzenteile lösen ihre Wirkstoffe nur in Wasser, manche nur in Alkohol oder auch in Alkohol und Wasser. Der alkoholische und auch der weinige Auszug aus einer Pflanze heißt Tinktur. Die alkoholische Tinktur setzt man in 70prozentigem Alkohol an und rechnet mit getrockneten, zerkleinerten Pflanzenteilen im Verhältnis 1:10, also beispielsweise 10 g Kräuter auf 100 g Alkohol (70 %). Es gibt Pflanzenteile, die so voluminös sind, daß man 10 g Kräuterteile nicht mit 100 g Alkohol bedecken kann, denn die angesetzten Kräuter müssen stets von Alkohol bedeckt sein. Bei solchen Pflanzen legt man die Pflanzenteile schichtweise ein, gibt Alkohol darüber, legt die nächste Schicht Pflanzenteile ein und fährt fort, bis die Pflanzen ganz mit Alkohol bedeckt sind.

   Die jeweiligen Pflanzenteile gibt man in ein gut verschließbares Gefäß mit breiter Öffnung, damit man sie später mühelos herausnehmen kann. Das gut verschlossene Glas wird an einem warmen Platz aufbewahrt und gelegentlich durchgeschüttelt. Mindestens 10 Tage bis zu sechs Wochen bleibt die Tinktur stehen. Danach seiht man die

Flüssigkeit ab, drückt dabei die Pflanzenrückstände kräftig aus und filtert die gewonnene Tinktur anschließend klar. Diese wird in einem dunklen Fläschchen an einem lichtgeschützten Platz aufbewahrt und in der jeweils gewünschten Form weiterverarbeitet.

Beim weinigen Auszug aus Pflanzen – beispielsweise für Gesichtswässer – verfährt man wie beim alkoholischen Auszug. Es empfiehlt sich, den weinigen Auszug nur mit naturreinen Weißweinen anzusetzen.

Kräuteressig Der Kräuteressig bietet eine einfache Methode des Auszugs: Auf einen halben Liter Obst- oder Weinessig rechnet man eine Handvoll Kräuter. Die Mischung wird in einem gut verschlossenen Gefäß 14 Tage lang an einen warmen Platz im Haus oder in die Sonne gestellt. Danach seiht man den Essig ab, drückt dabei die Pflanzenteile kräftig aus und filtert den gewonnenen Essig anschließend durch Kaffeefilterpapier klar. Die Weiterverwendung des Kräuteressigs kommt für Toilettessig, Gesichtswässer oder für Haarspülungen in Frage.

Essenzen Je nach Herstellungsmethode und Anwendungsgebiet hat der Begriff Essenz unterschiedliche Bedeutung. In der Homöopathie sind Essenzen die aus frischen Pflanzenteilen gewonnenen und mit Alkohol verdünnten Preßsäfte der Pflanzen. Außerdem versteht man darunter hochkonzentrierte naturreine, meist alkoholische Lösungen von Geschmacks- und Geruchsstoffen, wie etwa in Alkohol gelöste Parfümöle. Essigessenz beispielsweise wird durch Verdünnen von 100prozentiger Essigsäure auf 80 Prozent Säuregehalt hergestellt.

Extrakte Obwohl die Herstellung von Extrakten oder Essenzen für die Herstellung der nachfolgenden Rezepte nicht erforderlich ist, sollte man doch eine Vorstellung über die Bedeutung der Begriffe haben, die das Umfeld der alkoholischen Pflanzenauszüge betreffen.

In der Pharmazie bezeichnet man als Extrakt den einge-
dickten Auszug aus Pflanzenteilen oder -säften. Als Extrak-
tionsmittel dient meist Wasser, Alkohol oder Äther. Der
Extrakt wird durch unterschiedliche Methoden – durch
Mazeration oder durch Perkolation – bis zur Dünn- oder
Dickflüssigkeit oder bis zur Trockenheit eingedampft. Man
unterscheidet Fluidextrakte, Trockenextrakte und Dick-
extrakte. Die Herstellung des Fluidextrakts durch Mazeration erfolgt zu Beginn wie die Herstellung einer Tinktur, bei
welcher die Pflanzenteile in Alkohol eingelegt werden. Im
weiteren Verlauf wird die abgefilterte Tinktur erneut mit
dem jeweiligen Pflanzenteil zur Mazeration angesetzt, und
so wird weiterverfahren, wobei sich die Flüssigkeit immer
mehr verringert und immer konzentrierter wird. Sobald die
Menge des Extrakts das Gewicht des ursprünglich eingelegten Pflanzenteils erreicht und den konzentrierten Wirk-
stoffgehalt der Pflanze angenommen hat, ist der Fluid-
extrakt fertiggestellt.

TEIL II

DIE BESTEN ROHSTOFFE FÜR PARFÜMERIE UND KOSMETIK

GLOSSAR
MIT VIELEN TIPS
UND REZEPTEN

 *A*

ÄTHERISCHE ÖLE Ätherisches Öl oder Parfümöl ist ein flüchtiges, intensiv duftendes Öl, das aus Pflanzenteilen wie Blüten, Blättern, Samen, Knollen, Wurzeln oder Rinde gewonnen wird. Hierbei werden unterschiedliche Methoden angewendet. Am häufigsten ist die Wasserdampfdestillation, wobei ein kontinuierlicher Wasserdampfstrom durch die feingeschnittenen Pflanzen geleitet und der mit Öl angereicherte Dampf kondensiert wird. Vielfach werden die Pflanzen auch mit Wasser angesetzt und gekocht, der entstehende Dampf aufgefangen und ebenfalls kondensiert. Das Öl läßt sich leicht vom Wasser trennen. Eine wesentliche Art der Gewinnung stellt die Extraktion dar. Wir unterscheiden die Extraktion mit flüchtigen Lösungsmitteln und mit nichtflüchtigen Lösungsmitteln, das heißt mit Fetten. Die Extraktion durch Fette ohne Anwendung von Wärme wird *Enfleurage*, die mit Anwendung von Wärme *Mazeration* genannt.

Seit alters kennt man die vielfältigen Wirkungen des Duftes auf Körper und Geist. Über die Atmung wirkt die anregende und heilende Kraft. Die Magie der Duftstoffe wurde seit Beginn der Menschheit verehrt, und in den

Weltreligionen haben Duftstoffe historisch-kultische und auch medizinische Bedeutung. Weihrauch und Myrrhe, Safran, Ambra, Kalmus, Zimt, Aloe und Gewürzstaub begegnen uns im Alten Testament und in der Thora; aromatische Substanzen wie Rosenwasser, Zypressenblätter und wohlriechendes Wachsmastix, Thymian und Fichtenharz an den Altartischen der orthodoxen Kirche; duftende Blüten, wohlriechende Kerzen, aromatisches Räucherwerk legen Buddhisten zu Ehren Buddhas auf. Gläubige Verehrung und das jahrhundertealte Wissen um die Heilwirkung der Aromastoffe sind die Grundlagen der Osmologie – der Lehre von den Riechstoffen und vom Geruchssinn – sowie der Aromatherapie.

Was die Körperpflegemittel betrifft, so konnte die moderne Industriegesellschaft eine hochstehende Kultur auf dem Gebiet der Duft- und Riechstoffe nicht fortsetzen. Platte Einheitsparfümierung auf der Grundlage synthetischer Öle bietet heute das breite Massenangebot. Und statt köstlich duftender Salben, Öle und Badezusätze, über deren spezifische Wirkung auf die Atmung und das Nervensystem früher ein umfassendes Allgemeinwissen bestand, findet heute der Verbraucher fast nur die für ihn historisch beziehungslose Retortenware der Industrie vor.

AGAR-AGAR *(Gelatina japonica)* Agar-Agar ist der getrocknete Schleim von Meeresalgen. Das Agar-Agar-Pulver ist in kochendem Wasser löslich. Die Lösung erstarrt nach dem Erkalten zu einem gallertartigen Schleim. Da dieser Schleim rasch verdirbt, findet er in den unkonservierten Produkten der Naturkosmetik wenig Einsatz. Wegen seiner straffenden und adstringierenden Wirkung eignet er sich vor allem für die Zubereitung von Gesichtsmasken.

ALAUN *(Alumen)* In der Apotheke kauft man Alaun als farbloses, aus transparenten Kristallen bestehendes Pulver, das in warmem Wasser, nicht aber in Alkohol zu lösen ist. Alaun findet sich als sogenannter Federalaun auf Lava und auf trachytischem Gestein. Alaun wirkt mild desinfizierend, adstringierend und blutstillend. Daher findet es in stark verdünnter Lösung gute Verwendung in Gesichts- und in Rasierwässern. Wegen seiner guten Eigenschaften, seines sauren pH-Wertes, wird Alaun auch gerne Körperpudern und Cremes zugesetzt.

ALKOHOL *(Alcohol aethylicus)* Alkohol, aus dem Arabischen ›al kuhl‹ – die Augenschminke – stammend, auch Äthylalkohol, Feinsprit oder Weingeist genannt, gewinnt man durch Vergären verschiedener Zuckerarten. Reiner Alkohol mit 96 Volumenprozent wird durch mehrfache Destillation von unangenehm riechenden Fuselölen befreit: Er ist eine wasserhelle, rasch verdunstende Flüssigkeit von erfrischendem Geruch. Für den Hausgebrauch läßt sich die Alkoholqualität leicht überprüfen: In einem Reagenzglas werden 2 ccm Feinsprit und 2 ccm destilliertes Wasser gemischt und die Mischung in den gut gereinigten Handflächen bis fast zur Verdunstung verrieben. Unreinheiten (Gehalt an Fuselölen) sind durch den Geruch deutlich wahrnehmbar. Papierstreifen aus Filtrierpapier, welche mit verdünntem Alkohol durchtränkt wurden, dürfen nach dem Abdunsten des Alkohols keinen fremden Geruch haben.
   Für die Herstellung von Tinkturen und anderen alkoholhaltigen kosmetischen Mitteln wird der hochprozentige Alkohol fast immer mit destilliertem Wasser verdünnt, etwa auf 70, 60 oder 40 Volumenprozent. Reiner Alkohol wird gerne kosmetischen Produkten zugesetzt, da er in geringer Dosis eine tonisierende, das heißt die Haut im allgemeinen Sinn kräftigende Eigenschaft besitzt.
   Vergällter Alkohol oder der in den Industrieprodukten häufig verwendete Isopropylalkohol kommt in den Produkten der echten Naturkosmetik nicht zum Einsatz.

APFELSINENSCHALENÖL *(Oleum Aurantii)* In der natürlichen Schönheitspflege spielen die Zitrusfrüchte Orangen und Zitronen eine wichtige Rolle. Aus den Orangenblüten wird das kostbare *Orangenblütenöl* gewonnen und während der Wasserdampfdestillation der Blüten auch das *Orangenblütenwasser*; aus den Schalen der Apfelsinen kommt das erfrischend duftende Apfelsinenschalenöl, mit dem sich zahlreiche kosmetische Mittel parfümieren lassen. Wegen seines angenehm fruchtigen Duftes verwendet man es in Cremes, Haarshampoos, Bädern und Körperpflegemitteln.

Die sorgfältig vom weißen Fruchtfleisch befreiten und getrockneten Orangenschalen eignen sich zur Herstellung von Gesichtswässern; die pulverisierten Schalen als Bestandteil für Gesichtsmasken zur Behandlung fetter und unreiner Haut. Selbstverständlich muß man für die kosmetische Verwendung stets ungespritzte Orangen nehmen.

APRIKOSENKERNÖL *(Oleum Prunus armenicae)* Das Aprikosenkernöl wird aus den Samen der Aprikosenfrucht gewonnen. Der Aprikosenbaum wächst wild in Turkestan, im Himalaja, in der Mongolei, in der Mandschurei und im nördlichen China. Die in Südfrankreich kultivierten Mandelaprikosen liefern die ölreichsten Samen. Das kaltgepreßte Aprikosenkernöl ist farblos, manchmal leicht rötlich und klar. Beim Einkauf in der Apotheke muß man darauf achten, daß Aprikosenkernöl nicht mit Pfirsichkernöl *(Oleum Prunus persicae* oder *Oleum Persicae)* verwechselt wird.

Das reine Aprikosenöl gehört zu den feinsten und wertvollsten Hautölen und eignet sich ideal für die Herstellung von Hautcremes. Zur Pflege der trockenen, nervösen und alternden Haut ist dieses relativ teure Öl wie geschaffen.

ARNIKABLÜTEN *(Flores Arnicae)* Die Verwendung von Arnika als Heilpflanze läßt sich bis ins frühe Mittelalter zurückverfolgen. Die Pflanze, die in mageren Wiesen und Weiden, vor allem in höheren Lagen und auf kalkarmen Böden gedeiht, ist heute vielerorts schon selten geworden und steht in zahlreichen Ländern unter Naturschutz. Arnikablüten erhält man in der Apotheke. Eine Handvoll Arnikablüten als Zusatz zum Gesichtsdampfbad ist vor allem für die schlecht durchblutete und unreine Gesichtshaut zu empfehlen. Daneben sind die aus den Arnikablüten gewonnenen öligen und alkoholischen Auszüge eine biologisch wertvolle Grundsubstanz für die Weiterverarbeitung in kosmetischen Mitteln, die zur Behandlung der unreinen Haut verwendet werden. Die Blüten verwendet man zur Herstellung der Arnika-Tinktur oder des öligen Auszugs aus den Blüten.

ARNIKA-ÖLAUSZUG *(Oleum Arnicae infusum)* Unter der Bezeichnung Oleum Arnicae infusum oder fettes Arnikaöl erhält man in den Apotheken den öligen Auszug aus den Arnikablüten. Diesen öligen Auszug kann man selbst herstellen.

Zutaten
5 g getrocknete Arnikablütenblätter · 100 g Olivenöl

Man gibt die getrockneten Arnikablüten in eine dunkle Apothekerflasche mit breiter Öffnung und gießt mit dem im Wasserbad erwärmten Olivenöl auf. Die gut verschlossene Flasche stellt man an einen lichtgeschützten Platz im Haus und schüttelt sie öfters durch. Nach etwa zwei Wochen seiht man das Öl ab und drückt die öldurchtränkten Blütenblätter gut aus. Anschließend durch ein feinmaschiges Mulltuch abfiltern und gut verschlossen aufbewahren.

In kleiner Dosis setzt man den öligen Auszug aus den Arnikablüten Cremes für fette und unreine Haut zu; er wirkt klärend, entzündungshemmend und heilend.

Verwechseln Sie den öligen Auszug aus den Arnikablüten nicht mit dem ätherischen Arnikablütenöl, das in konzentrierter Form aus den Arnikablütenblättern gewonnen wird. Das ätherische Arnikablütenöl wird in der Naturheilkunde als Medizin verwendet.

ARNIKA-TINKTUR *(Tinctura Arnicae)* In der Naturheilkunde gilt die verdünnt angewendete Arnika-Tinktur als beliebtes Antiseptikum. Ebenfalls in verdünnter Form verwendet man die Arnika-Tinktur zur Pflege fetter und unreiner Haut. Die Tinktur erhält man in der Apotheke, man kann sie aber auch selbst zubereiten.

Zutaten
10 g Arnikablütenblätter · 100 g Alkohol (70 %)

Pressen Sie die getrockneten Arnikablütenblätter portionsweise in eine dunkle Apothekerflasche mit breiter Öffnung und gießen immer wieder mit dem Alkohol auf. Die gut verschlossene Flasche soll dann mindestens zehn Tage bei Zimmertemperatur stehenbleiben; ab und zu gut durchschütteln. Dann wird die Tinktur abgeseiht, die Pflanzenrückstände werden ausgedrückt und durch Kaffeefilterpapier klargefiltert. Die Arnika-Tinktur wird kühl und dunkel aufbewahrt und in verdünnter Form angewendet.

ARTISCHOCKENKRAUT *(Herba Cynarae scolymi)* Getrocknetes Artischockenkraut bekommt man in Apotheken und in Kräuterhandlungen. In Verbindung mit Wasser ergibt das Kraut eine schöne braune Farbe, die man gut für sanftbraune Haarspülungen verwenden kann. Man bereitet aus dem Kraut einen konzentrierten Teeaufguß und spült damit das Haar nach der Haarwäsche, anschließend wird das Haar nicht mehr mit Wasser nachgespült.

AVOCADOÖL *(Oleum Avocadoae)* Das Avocadoöl wird aus den Früchten des Calado-Avocado-Baumes, der in Mexiko und Guatemala wild wächst, gewonnen. Die getrockneten Früchte werden gepreßt und das Öl durch Zentrifugieren und Filtrieren gereinigt. Das hellgelbe, geruchlöse Öl wird praktisch nicht ranzig. Es ist leicht absorbierbar und wird in seiner Tiefenwirkung nur vom Lanolin übertroffen. Wegen seines hohen Gehalts an hochungesättigten Fettsäuren, an Vitamin A, B, D, G und E gehört das Avocadoöl nicht nur zu den feinsten Speiseölen, sondern ist auch für hochwertige biologisch wirksame Haut- und Körperpflegemittel wie Salben, Cremes und Hautfunktionsöle vorzüglich geeignet.

BAYÖL *(Oleum Bay)* Das Bayöl wird durch Wasserdampfdestillation aus den Blättern der Lorbeergewächse gewonnen. Das intensiv duftende, ätherische Öl wird in der
Naturheilkunde wegen seiner stark durchblutungssteigernden und antiseptischen Eigenschaften geschätzt; es findet
auch als Zusatz bei Rheumasalben und als Mittel zur
Desinfizierung Verwendung. Bayöl ist auch ein Bestandteil
des Bay-Rum, eines bekannten Haar- und Rasierwassers der
Kolonialzeit. Wegen seines Gehalts an Eugenol kann Bayöl
auch hautreizend sein, deshalb verwendet man es weniger
in Kosmetika, die auf der Haut verbleiben, sondern eher als
Badeparfümierung oder als feine Duftnote für Potpourris,
Sachets oder Riechsalzfläschchen.

BERGAMOTTÖL *(Oleum Bergamottae)* Das wohlriechende
Bergamottöl zählt – wie das Bayöl – zu den Stoffen, die bei
sensiblen Personen Allergien auslösen können. Aus diesem
Grund verwendet man das Bergamottöl nicht in Haut- und
Körperpflegemitteln, die auf der Haut verbleiben. In der
Parfümerie eignet sich das Bergamottöl vor allem für wohl-
riechende Duftkerzen, Duftkissen, Potpourris und Duftdo-
sen. Die mit Bergamottöl getränkten Sachets für den Klei-
derschrank gelten als die wirksamsten ›Mottenvertreiber‹;
Duftdosen mit Bergamottöl stellt man auch gerne in den
Schuhschrank.

BIENENHONIG Nicht nur für die Ernährung, auch für die
äußere Schönheitspflege ist der reine Bienenhonig von
unschätzbarem Wert. Unverfälschten Bienenhonig bekommt man in Bioläden, in Reformhäusern und direkt beim
Imker. Naturreiner Bienenhonig muß, wenn er nicht er-

wärmt ist, bandartig abfließen, sich immer schmäler legen und schließlich lange dünne Fäden ziehen. Farbe, Geschmack und Geruch sind je nach Herkunft (z. B. Wald-, Heide- oder Obstblütenhonig) sehr verschieden.

Bei der industriellen Herstellung wird das Naturprodukt, ähnlich wie Pflanzenöl, entwertet, verfälscht und gestreckt. So wie der Begriff ›reines Pflanzenöl‹ nur noch aussagt, daß es sich um raffiniertes Öl handelt, wenn der Zusatz ›naturbelassen – kaltgepreßt‹ fehlt, wird der Verbraucher auch bei der Auszeichnung des Honigs hinters Licht geführt. Denn der einzig wertvolle und heilkräftige Bienenhonig ist der auf kaltem Weg gewonnene Schleuderhonig. Achten Sie deshalb genau auf die Beschriftung. Bei den naturbelassenen Honigsorten werden Sie immer einen Hinweis auf die Art der Gewinnung und Abfüllung finden.

In warmem Wasser ist der Bienenhonig gut lösbar und verliert seine Klebrigkeit; in Hautcremes und Lotionen, in Haarfestigern und Haarpackungen wird er wegen seiner heilenden und beruhigenden sowie seiner sanft festigenden Fähigkeit gerne eingesetzt.

BIENENWACHS *(Cera flava)* Das Bienenwachs stammt aus den echten Waben der Honigbiene; nach dem Ausschleudern des Honigs werden die Waben in Wasser geschmolzen, nach dem Erkalten des Wassers wird das Wachs abgehoben und abgetrocknet, dann nochmals aufgeschmolzen und in runde Tafeln ausgegossen. Das naturgelbe Bienenwachs ist in kaltem Zustand spröde und an den Bruchstellen körnig. Die Farbe ist je nach Bienennahrung hellgelb bis braungelb.

Bienenwachs kommt häufig verfälscht in den Handel. Als Streckmittel werden Harze, mineralische oder pflanzliche Wachse, Stearin oder tierischer Talg verwendet. Da von den Imkern auch künstliche Waben aus Ceresin oder ähnlichen mineralischen Wachsen verwendet werden, kann es schon beim Erzeuger zur Verfälschung kommen. Die Reinheit des Bienenwachses muß daher einer sorgfältigen chemischen Untersuchung unterzogen werden. Das in Apotheken erhältliche Bienenwachs entspricht den DAB-Bestimmungen (Deutsches Arzneibuch) und muß dieser Prüfung unterzogen worden sein.

Das angenehm nach Honig duftende Bienenwachs gibt es in der Apotheke in Form von flachen Scheiben. Bienenwachs wird nicht ranzig. Es ist für hochwertige Salben, Cremes und flüssige Emulsionen unentbehrlich. Da es sehr leicht emulgiert, verleiht es den Cremes schönen seidigen Glanz und gute Streichfähigkeit.

BIRKENBLÄTTER *(Folia Betulae)* Insbesondere für die Pflege des Haares und der Kopfhaut werden die Auszüge aus Birkenblättern seit alters geschätzt. In seinem Schönheitsbuch ›Schönheit der Frauen‹ schrieb im 17. Jahrhundert Sir Hugh Platt den Abreibungen mit Birkenblätter-Teeaufguß auch eine aufhellende Wirkung bei Sommersprossen und Altersflecken zu; nach seinem Rezept braucht man 1 Kaffeelöffel getrockneter Birkenblätter auf 1 Tasse heißes Wasser. Nach der Haarwäsche soll man das Haar damit spülen; vor allem gegen Schuppen und fettes Haar wird die Spülung empfohlen.

BIRKENBLÄTTER-TINKTUR *(Tinctura Betulae)* Die Birkenblätter-Tinktur ist der alkoholische Auszug (70%) aus den Birkenblättern; sie ist in der Apotheke erhältlich. Die Tinktur kann man auch selbst ansetzen:

Zutaten
5 g getrocknete Birkenblätter · 100 g Alkohol (70%)

Man füllt die Birkenblätter in ein dunkles Apothekerglas mit breiter Öffnung, übergießt sie mit dem Alkohol und läßt den alkoholischen Auszug gut verschlossen mindestens zehn Tage an einem warmen Platz stehen. Ab und zu durchschütteln. Dann wird die Tinktur abgeseiht, und die Pflanzen werden gut ausgedrückt. Durch Kaffeefilterpapier klarfiltern. Die Tinktur in dunkler Flasche aufbewahren. In verdünnter Form kommt die Birkenblätter-Tinktur in Kopf-wasser bei fettem Haar und schuppiger Kopfhaut zum Einsatz.

BOLUS ALBA *(Bolus alba)* Als Bolus alba bezeichnet man den sehr fein geschlemmten weißen Ton beziehungsweise die Tonerde. Das weiße Pulver wird als wichtiger Bestand-teil von Haut-, Körper- und Wundpudern geschätzt. Bolus wirkt aufsaugend (absorbierend), austrocknend und entgif-tend. Man kann es auch für straffende Gesichtsmasken verwenden, dies sollte aber nicht zu oft geschehen.

BOLUS RUBRA *(Bolus rubra)* Der rote Bolus und der braun-farbige Bolus, als ›Terra di Siena‹ bezeichnet, sind Abarten des weißen Bolus, die Eisenoxyd enthalten. Als deckende Erdfarben verwendet man den roten Ton in Pudern, Schminken und getönten Cremes.

BRENNESSEL *(Herba Urticae)* Neben den Birkenblättern zählt man die Brennesselblätter zu den wirksamsten Heil-mitteln für Gesundung und Pflege von Kopfhaut und Haar. Spülungen mit Brennesseltee machen das Haar weich, glän-zend und gut frisierbar. Nach der Anwendung der Teespü-lung – der man für guten Glanz einen Schuß Obstessig beifügen kann – wird das Haar nicht mehr gewaschen.

Getrocknete, feinzerriebene Brennesselblätter sollte man vielen Speisen zufügen, wenn man unter Eisenmangel, Müdigkeit und Abgespanntheit zu leiden hat. Die getrock-neten Blätter, die sich im Elektromixer staubfein zermahlen lassen, sind neutral im Geschmack und in der täglichen Küche vielseitig verwendbar.

BRENNESSEL-TINKTUR *(Tinctura Urticae)* Der alkoholi-sche Auszug aus den Brennesselblättern, die Brennessel-Tinktur, ist ein wichtiger Bestandteil für die Zubereitung von Kopfwasser. Die Tinktur erhält man fertig in der Apotheke (70 %). Selbst stellt man sie so her:

Zutaten
5 g frische Brennesselblätter · 100 g Alkohol (70%)

Die frisch gezupften Brennesselblätter in ein dunkles Apothekerglas mit breiter Öffnung geben und mit dem Alkohol
übergießen. Falls die Blätter recht groß sind, in kleine
Stücke schneiden. Die gut verschlossene Flasche an die
Sonne oder an einen warmen Platz im Haus stellen und ab
und zu gut durchschütteln. Nach mindestens zehn Tagen
kann man die Tinktur abseihen. Dabei die Blätter gut
ausdrücken. Anschließend durch Kaffeefilter klarfiltern.

CALENDULABLÜTEN *(Flores Calendulae)* Die Ringelblume
gehört zu den am häufigsten angepflanzten Blumen in
unseren ländlichen Gärten. Ursprünglich stammt sie aus
Südeuropa, aber selbst in unseren weniger warmen Klima-
zonen ist sie ganz heimisch geworden. Durch ihren Gehalt
an ätherischem Öl, Harz, Saponinen, Gummi, pflanzlichem
Schleim und Eiweißstoffen sowie an Calendulin, einem
karotinartigen, gelblichen Farbstoff hat die Ringelblume
den Ruf einer hervorragenden Heilpflanze erreicht. Ein
großer Befürworter der Ringelblume war Pfarrer Kneipp.

In der Kräuterkosmetik spielen die goldgelben Ringelblu-
menblüten eine wichtige Rolle. Sowohl der alkoholische
wie der ölige Auszug aus den Blütenblättern ist vielseitig
verwendbar. So ist in seiner biologischen Einheit der ölige
Auszug aus den Blüten der Calendula eine Kostbarkeit als
Ingrediens für Cremes, Reinigungsmittel und Hautöle.

CALENDULA-TINKTUR *(Tinctura Calendulae)* Die Ringel-
blumen-Tinktur ist der alkoholische Auszug aus den Blü-

tenblättern der Calendula, die Tinktur erhält man in der Apotheke. Wenn Ringelblumen in Ihrem Garten wachsen, stellen Sie den Vorrat selbst her:

Zutaten
5 g getrocknete Calendulablütenblätter
100 g Alkohol (70 %)

Die getrockneten Blütenblätter füllt man in ein dunkles Apothekerglas und übergießt sie mit dem Alkohol. Mindestens zehn Tage sollte die gut verschlossene Flasche an einem warmen Platz im Haus stehen, bevor man die Tinktur abseiht. Hierbei die Blätter im Sieb gut abtropfen lassen, ausdrücken. Nun die Tinktur durch Kaffeefilterpapier klarfiltern.

Die Calendula-Tinktur wird in verdünnter Form als wertvoller Bestandteil Gesichts- und Rasierwässern zugesetzt. Mit gekochtem Wasser verdünnt, kann man die Tinktur für feuchtwarme Umschläge anwenden. Sie hilft bei entzündeter Haut, gegen Schwellungen, Muskelzerrungen und Quetschungen. Es ist deshalb ratsam, einen größeren Vorrat der Tinktur für die Hausapotheke herzustellen.

DESTILLIERTES WASSER *(Aqua destillata)* Destilliertes Wasser ist ein mittels Destillation von Unreinheiten und sonstigen Zusatzstoffen befreites Wasser, das man in Apotheken und Drogerien kaufen kann. Zur Herstellung von Hautpflegemitteln und Haarshampoos sollte nur destilliertes Wasser verwendet werden, da Trinkwasser, Fluß- und Seewasser meist Kalk-, Eisen-, Schwefel- und sonstige anorganische Verbindungen enthält, die kosmetische Mittel negativ beeinflussen können.

DISTELÖL (Safflower Oil, Färberdistelöl) Distelöl bekommt man auch unter der Bezeichnung ›Safflower Oil‹, ›Safflor-Öl‹ oder ›Färberdistelöl‹ in der Apotheke. Das Distelöl wird aus den reifen Samen des Saflor, einem aus

Ägypten stammenden Korbblütler, gewonnen. Auch als Speiseöl schätzt man das Distelöl. Das vitaminreiche, fein verstreichbare Pflanzenöl ist hervorragend zur Zubereitung feinster Cremes für die äußerliche Anwendung geeignet. In der Kosmetik hat die Färberdistel noch einen anderen Verwendungszweck: Der aus den getrockneten Blütenblättern der Pflanze gewonnene rote Farbstoff, das Carthamin, gilt als natürlicher Farbzusatz von Schminken, Lippenstiften und Pudern.

EDELTANNENÖL *(Oleum Abietis albae)* Tanne und Fichte werden oft miteinander verwechselt oder überhaupt nicht unterschieden. Die Tanne ist jedoch zweifelsfrei an ihrer hellgrauen Rinde, dem vogelhorstähnlichen Wipfel, den stehenden Zapfen sowie an den zwei weißlichen Streifen an der Unterseite der Nadeln zu erkennen. Aus den Nadeln der Weißtanne wird das köstlich duftende Edeltannenöl gewonen, das wegen seiner antiseptischen Wirkung und seines anregenden Duftes für die Parfümierung von Badezusätzen geschätzt wird. In schwacher Dosierung verwendet man es auch gerne zur Parfümierung von Fußpflegemitteln und Fußpudern.

EIBISCHWURZEL *(Radix Althaeae)* In unseren Gärten wird der Eibisch gerne angepflanzt, weil er sehr hübsch blüht und durch seinen hohen, schlanken Wuchs zur Zierde jedes Gartens wird. Sämtliche Pflanzenteile des Echten Eibisch, einem Malvengewächs, enthalten Schleimstoffe, auf denen seine heilwirksamen Eigenschaften beruhen. Wegen seiner besonderen Heilkraft nannte man den Eibisch früher auch Dialthaea oder Bismalva, was so viel heißt wie ›doppelt so stark wie die Malve wirksam‹. Auf Grund einer Verordnung Karls des Großen wurde der Eibisch im 8. Jahrhundert n. Chr. als Heilpflanze gezogen. Seine Anwendung erfolgte innerlich und äußerlich gegen eine Vielzahl von Leiden, vor allem aber bei Entzündungen der Haut und der Schleimhäute. Besonders reich an heilwirksamem Pflanzenschleim ist die Eibischwurzel. Man gewinnt den Pflanzenschleim, indem man die kleingeschnittenen Wurzelteilchen über Nacht in *kaltem* Wasser ansetzt. Der frisch gewonnene Pflanzenschleim eignet sich als Ingrediens für Gesichtsmasken, für Cremes und Lotionen gegen unreine Haut.

EICHENRINDE *(Cortex Querus)* Eichenrinde, Eichenblätter und Eicheln gehören seit Menschengedenken zu den geschätzten Heilpflanzen. Unter Eichen wurde einst Gericht gehalten, im alten Rom krönte man verdiente Bürger mit Eichenlaub, und bei den Germanen galt die Eiche als Baum des Gewittergottes Donar.

Die kleingeschnittene Eichenrinde erhält man in der Apotheke. Wegen ihrer adstringierenden, antiseptischen und tonischen Wirkung findet die Eichenrinde bei der Zubereitung von Lotionen, Gesichts- und Rasierwässern Verwendung. Die konzentrierte Abkochung wird Fußbädern zugesetzt und gilt als klassisches Heilmittel gegen Frostbeulen und Schrunden.

EIDOTTER Der hohe Gehalt an Lezithin und an Cholesterin macht den Eidotter zu einem hervorragenden Pflegemittel für Haut und Haar. Man setzt ihn Cremes zu, die zu schnellem Verbrauch bestimmt sind, vor allem aber Gesichtsmasken und Haarpackungen. Es versteht sich von selbst, daß Tierfreunde die Eier nicht artgerecht gehaltener Hühner boykottieren. Eier von Hühnern aus Bodenhaltung erhält man in Naturkostläden.

ERDNUSSÖL *(Oleum Arachidis)* Reines Erdnußöl wird durch das Auspressen der Erdnußsamen gewonnen. Es ist ein geruchloses, dünnflüssiges, strohgelbes Öl, reich an Vitamin E und ungesättigten Fettsäuren. Da es kaum ranzig wird und nicht stark fettet, ist es für kosmetische Zwecke vielseitig verwendbar. Da Erdnußöl durch Cholesterin gut emulgiert, nimmt man es gerne für Haarpackungen und für Gesichtsmasken, die mit frischem Eigelb zubereitet werden.

ESSIG Die Kenntnis der Essigbereitung ist so alt wie die Erfahrung, daß sich alkoholische Getränke beim Stehenlassen in Essig verwandeln. Ägypter, Römer und Germanen stellten so ihren Essig her, der außer zur Bereitung saurer Speisen auch zum Haltbarmachen von Früchten und Fleisch und als Arzneimittel diente. Rohstoffe für die Essigherstellung sind Wein, Obst, Malz und Branntwein. Naturreiner Weinessig entsteht durch die Umwandlung von Weinsäure in Essigsäure, Obstessig durch Vergären von Obst unter Beifügung von Essigbakterien. Synthetischer Essig wird aus Azetylen hergestellt. Für Ernährung und Schönheitspflege soll man nur naturreinen Essig kaufen, dessen Echtheit einerseits am Preis und andererseits an der Garantieaufschrift des Etiketts zu erkennen ist. Absolut naturreinen Essig bekommt man in Bio-Läden oder im Reformhaus. Aromatischen Kräuteressig für Ernährung und Schönheitspflege stellt man her, indem man die speziellen Kräuter bei Wärme im Essig mazerieren läßt. Feiner Essig ist ein unentbehrlicher Zusatz für Toilettwässer, Gesichts- und Rasierwässer. Essig gibt günstige pH-Werte im sauren Milieu; Essig entkalkt, das heißt, er löst Kalkschleier von der Haut und ist auch aus diesem Grund das beste Schönheitsmittel für Haarspülungen.

EUKALYPTUSÖL *(Oleum Eucalypti)* Das reine ätherische Öl wird durch Destillation aus den frischen Blättern des Eukalyptusbaums gewonnen. Es kommt vor allem aus den Mittelmeerländern und ist in der Apotheke erhältlich. Das farblose bis blaßgelbe Öl enthält zwischen 70 und 80

Prozent Eukalyptol als wirksamen Bestandteil. Das intensiv, ein wenig kampferartig duftende Öl wirkt durch Ateminhalation vor allem befreiend auf die Atemwege. Aus diesem Grund wird es in schwacher Dosis – in starker Dosis ist es unverträglich – in Hustenbonbons, in Sirup und in Zahncremes verarbeitet. Ein wenig Eukalyptusöl im heißen Badewasser ergibt ein wirksames Bad gegen Schnupfen und Erkältungskrankheiten; ein paar Tröpfchen im Gesichtsdampfbad befreit die Atemwege bei Schnupfen und Heiserkeit.

EUKALYPTUS-TINKTUR *(Tinctura Eucalypti)* Der alkoholische Auszug aus den frischen Blättern des Eukalyptusbaums wirkt antiseptisch, schmerz- und juckreizstillend und ist wegen seines erfrischenden Dufts in starker Verdünnung ein beliebter Zusatz in Mundpflegemitteln. Eukalyptus-Tinktur bekommt man in der Apotheke.

FANGO Fango nennt man den Schlamm aus den Ablagerungen von Mineralquellen. Der schwefelhaltige Schlamm wirkt besonders günstig auf fette und unreine Haut. In pulverisierter Form bekommt man ihn fertig zu kaufen. Mit warmem Wasser angerührt, eignet er sich für Gesichtsmasken und Körperpackungen bei unreinen Hautstellen, wie sie etwa am Rücken oder an den Oberarmen auftreten können.

FENCHELÖL *(Oleum Foeniculi)* Es gibt mehrere Fenchelarten, die sich im Geschmack der Früchtchen, der zwischen süßlich und ziemlich scharf schwankt, unterscheiden. Es sind die Früchte und das aus ihnen gewonnene Öl, die den Fenchel als Gewürz- und Heilpflanze interessant machen.

Der kräftige, aromatische Geruch des Fenchels und seine günstigen Wirkungen auf die Verdauungsorgane machen ihn zum idealen Speisegewürz.

Das ätherische Öl wird in schwacher Dosierung in kosmetischen Produkten verwendet. Wegen seiner sanft antiseptischen Wirkung nimmt man es gerne in Lotionen, in Mund- und Gurgelwasser. Fenchelteebeutel – die man in jeder Drogerie bekommt – sind eine ideale Augenkompresse für müde, leicht gerötete und wäßrige Augen.

FLIEDERÖL *(Oleum Syringa artific.)* Ein naturähnlicher Nachbau auf der Grundlage der duftenden Fliederblüten ist das Fliederöl. Es eignet sich zur Parfümierung von Badezusätzen, von Sachets und Duftkerzen. Der etwas süßliche Duft läßt sich sehr gut mit herberen Duftnoten, wie etwa Zitrone oder Zimt, kombinieren, womit man volle Duftkompositionen zusammenstellen kann.

GERANIUMOL *(Oleum Geranii verum)* Echtes Geraniumöl gewinnt man durch Wasserdampfdestillation aus den Blättern von Pelargonienarten. Es ist ein farbloses bis bräunliches Öl von angenehm rosenartigem Geruch. Man erhält das Geraniumöl in der Apotheke und setzt es für die Parfümierung von Kosmetikprodukten gerne als Ersatz von echtem Rosenöl ein, das sehr teuer ist.

GERBSÄURE *(Acidum tannicum)* Gerbsäure, auch Acidum tannicum oder einfach Tannin genannt, ist ein beigefarbenes feines Pulver, das in Wasser und in Alkohol, nicht aber in Fetten löslich ist. Gerbsäure ist in vielen Heilpflanzen enthalten. Die Gerbsäure hat stark adstringierende Eigenschaften und wirkt leicht antiseptisch. Sie härtet die Haut durch sanfte Gerbung ab.

GLAUBERSALZ *(Natrium sulfuricum)* Das Glaubersalz bekommt man in der Apotheke, und zwar wird es meist als Abführmittel verkauft. In der Parfümerie allerdings verwendet man das Glaubersalz vor allem zur Herstellung von aromatischen Badesalzen, denn es ist als Träger von Riechstoffen hervorragend geeignet. Es schädigt die Parfümöle nicht und garantiert langanhaltenden Duft.

GLYCERIN *(Glycerinum)* Glycerin ist eine farblose, sirupartige Flüssigkeit, die durch Fettspaltung aus natürlichen Ölen oder Fetten, aus den abfallenden Unterlaugen bei der Seifenherstellung oder bei der alkoholischen Gärung gewonnen wird. Glycerin ist stark wasserentziehend, trocknet die Haut aus und kann zu schweren Reizerscheinungen führen. Viele Menschen vertragen auch kleinste Beimengungen nicht, man spricht sogar von der Zellfeindlichkeit des Glycerins. Die industrielle Kosmetikfertigung verarbeitet Glycerin in Handcremes, Rouges, flüssigem Make-up und in Hautcremes. In der Naturkosmetik wird Glycerin für hautpflegende Mittel nicht eingesetzt; in Nagelhautentfernern kommt Glycerin wegen seiner erweichenden und wasserentziehenden Eigenschaften zum Einsatz.

HAMAMELISWASSER *(Aqua Hamamelidis)* Das Hamameliswasser wird durch Wasserdampfdestillation aus den Blättern (Folia) oder der Rinde (Cortex) des Hamamelisbaums gewonnen. Hamamelis wird auch ›mexikanischer Zauberstrauch‹ (englisch: witch hazel) genannt, und seiner Heilwirkung spricht man Zauberkraft zu. Wer Hamameliswasser regelmäßig verwendet, wird dem nicht widersprechen!
　Das Hamameliswasser hat einen herben, ungemein erfrischenden Duft und ist farblos. Es eignet sich vor allem zur Pflege der fetten, unreinen und großporigen Haut, auch der Kopfhaut. Seine schonend adstringierende und tonisierende

Wirkung, seine entzündungshemmenden und belebenden Fähigkeiten machen es zu einem unentbehrlichen kosmetischen Mittel. Unvermischt kann man Hamameliswasser als Gesichtswasser, als Rasier- und Kopfwasser anwenden.

HAMAMELIS-TINKTUR *(Tinctura Hamamelidis)* Der alkoholische Auszug wird sowohl mit den Blättern *(Tinctura Hamamelidis e Fol.)* wie auch mit der Rinde *(Tinctura Hamamelidis e Cort.)* angesetzt. Die Hamamelis-Tinktur (70 %) erhält man beim Apotheker. Die aromatisch duftende Tinktur wirkt adstringierend, leicht antiseptisch, tonisierend und heilend. Aus diesem Grund verwendet man sie in verdünnter Form in Gesichts- und Rasierwässern.

HEFE Hefe wird bei der Bierherstellung gewonnen und besteht aus Millionen von Mikroorganismen. Hochwertige Hefe ist reich an Vitaminen, vor allem aus der B-Gruppe. Hefe wird zur innerlichen Einnahme bei unreiner Haut empfohlen. Äußerlich wird die Hefe – mit warmem Wasser angerührt – als Packung mit gutem Erfolg bei unreiner Haut angewendet. Die kombinierte innerliche und äußerliche Anwendung in Form einer Hefekur wird bei Akne eingesetzt. Zur Behandlung von Hautkrankheiten wird medizinische Hefe *(Faex medicinalis)* verarbeitet.

HEILERDE Heilerde besteht aus gereinigtem Ton oder Lehm; fertig verpackt bekommt man sie in Pulverform zu kaufen. Die kosmetische Anwendung von Erde, Schlamm und Ton ist seit Jahrhunderten bekannt. Wegen ihrer entzündungshemmenden Eigenschaft wird Heilerde vor allem als Gesichtspackung bei unreiner Haut geschätzt. Warm aufgetragen, wirkt Heilerde entzündungshemmend, adstringierend und klärend auf die Haut. Neben der äußerlich anzuwendenden Heilerde bekommt man in der Apotheke auch Heilerde für die innere Anwendung. Bei Darmstörungen, Kieselsäuremangel und unreiner Haut ist die Einnahme sehr zu empfehlen.

HENNA *(Folia Hennae pulv.)* Das Hennapulver aus den feinpulverisierten Blättern des Hennastrauchs kommt überwiegend aus Afrika, Asien, Australien und Westindien. Schon seit dem Altertum findet Henna als Haarfarbe Verwendung. Aus warmem Wasser oder Tee und Hennapulver wird ein streichfähiger Brei gerührt. Da Henna auch austrocknende Wirkung auf das Haar hat, fügt man diesem Teig pflegende Zusätze wie Eigelb und ein wenig Pflanzenöl bei. Unter Wärmeeinwirkung zieht die Farbe gut ein und färbt, je nach Dauer der Einwirkungszeit und abhängig von der natürlichen Haarfarbe, von tizianrot über rot bis dunkelbraun. Zur Erreichung differenzierterer Farbnuancen kann man das Hennapulver mit anderen Naturfarben mischen: mit Rhabarberwurzelpulver für blondes Haar, mit pulverisierter *Walnußschale* oder *Katechu* für dunkles Haar. Das Hennapulver hat gegenüber chemischen Haarfärbemitteln den großen Vorteil, daß es das Haar in seiner Struktur nicht angreift und ihm schönen Glanz verleiht, außerdem ist Henna im Gegensatz zu Chemiefarben völlig unschädlich.

Außer rotfärbendem Henna bekommt man im Handel das sogenannte neutrale Henna, dem die rotfärbenden Stoffe entzogen sind. Als Glanzpackung kann man es bei jeder Haarfarbe verwenden, denn es bewirkt keine Farbveränderung. Darüber hinaus bekommt man im Handel auch schwarzes Hennapulver sowie Hennapulver für hellblondes Haar. Dabei handelt es sich um Hennapulver, das mit verschiedenen Metallsalzen vermischt wurde.

HUFLATTICHBLÜTEN *(Flores Farfarae)* Der goldgelbe Huflattich gehört zu den ersten Blüten des Frühjahrs, und schon während der Schneeschmelze im Februar kann man ihn an sonnigen Plätzen entdecken. Sowohl die Blüten wie auch die Blätter *(Folia Farfarae)* sind in der Kräuterheilkunde geschätzt. Die Wirkungen der Heilpflanze sind sehr vielseitig. Huflattichtee wird vor allem gegen Husten und Heiserkeit empfohlen. Wegen seiner entzündungswidrigen Kraft gilt er als Heilmittel gegen Abszesse und Wunden.

In der Naturkosmetik zählt der Huflattich zu den sogenannten einhüllenden Pflanzen. Sowohl die wolligen Blüten als auch die Blätter enthalten pflanzlichen Schleim,
Gerbstoff, Bitterstoff, ätherisches Öl, Unulin und Schwefel.
Während die Schleimstoffe auf der Haut als Schutzschild
dienen, wirken die Gerbstoffe kontrahierend und antiseptisch. So ist der Huflattich ein bewährtes Heilkraut bei
unreiner, entzündlicher und fetter Haut.

HUFLATTICH-TINKTUR *(Tinctura Farfarae)* Der alkoholische Auszug aus den Huflattichblüten oder -blättern dient
als wertvoller Zusatz in Gesichts- und Rasierwässern bei
unreiner Haut. Die Tinktur bekommt man beim Apotheker. Selbst stellt man die Tinktur so her:

Zutaten
1 Eßlöffel getrocknete Huflattichblüten oder -blätter
100 g Alkohol (70 %)

Man kann für die Zubereitung der Tinktur sowohl die
getrockneten Blütenköpfchen als auch die Blätter oder auch
beide getrocknete Pflanzenteile gemischt verwenden. Achten Sie vor allem darauf, daß die Kräuter im Glas mit
Alkohol gut bedeckt sind. Die Kräuter in ein dunkles
Apothekerglas mit breiter Öffnung füllen und mit dem
Alkohol übergießen. Gut verschlossen bleibt die Mischung
an einem warmen Platz im Haus stehen. Öfter durchschütteln. Nach zwei Wochen abseihen, die Pflanzen dabei gut
ausdrücken. Durch Kaffeefilterpapier klarfiltern.

IRISWURZEL *(Rhizoma Iridis)*   siehe VEILCHENWURZEL

JASMINÖL *(Oleum Jasmini artific.)* Zahlreiche künstlich
hergestellte Parfümöle sind Duftschöpfungen; hierzu zählt
auch das Jasminöl. Das köstlich duftende blumige Öl eignet
sich zur Parfümierung von Sachets, Duftkerzen und
Potpourris.

JOHANNISKRAUTÖL *(Oleum Hyperici)*   Von der Antike bis zur Neuzeit hat das Johanniskraut seinen Ruf als vielfach verwendbares Heilkraut bewahren können. Einerseits ist es ein vorzügliches Wundkraut, denn es hat schmerzstillende, heilende und zusammenziehende Eigenschaften; andererseits stellt man in der Homöopathie eine Essenz her, die bei Nervenleiden, Depressionen und Abgespanntheit mit viel Erfolg angewendet wird. Man nennt das Johanniskraut deshalb auch ›Arnika der Nerven‹. So universell das Johanniskraut in der Kräuterheilkunde einsetzbar ist, so vielseitig ist auch sein Anwendungsgebiet in der Kräuterkosmetik. Das im Johanniskraut enthaltene ätherische Öl, die Gerbstoffe, Harze und das Hyperizin wirken beruhigend, heilend, klärend, antiseptisch und entzündungshemmend auf die Haut ein.

Das Johanniskraut ist bei uns sehr häufig wild wachsend anzutreffen. Wir finden es an Wegrändern, auf trockenen Wiesen und Weiden, in Heidegebieten und an Flußufern. Da man das Johanniskrautöl leicht selbst zubereiten kann, sollte man das Kraut in der Zeit von Anfang Juni bis August suchen. Das dunkelrote Johanniskrautöl ist der ölige Auszug aus den frischen Blüten und Blättern des Johanniskrauts. Fertig bekommt man es in der Apotheke. Man kann es aber auch selbst herstellen:

Zutaten
Frische Blütenblätter und Blätter des Johanniskrauts
Olivenöl

Die Menge der Zutaten hängt davon ab, wieviel Johanniskrautöl Sie herstellen wollen. Hierzu kann man folgende Grundregel aufstellen: Füllen Sie die frisch gezupften Blütenblätter und die grünen Blättchen des Johanniskrauts locker in ein Glas mit breiter Öffnung, bis es randvoll ist. Nun übergießen Sie die Kräuter mit so viel Öl, daß sie völlig bedeckt sind. Das gut verschlossene Glas stellen Sie dann vier bis sechs Wochen an einen warmen Platz im Haus und schütteln es gelegentlich gut durch. Sie werden dabei beobachten, daß sich schon nach kurzer Zeit das Öl rot färbt. Sobald die Mazerationszeit abgeschlossen ist, seihen Sie das Öl durch ein feinmaschiges Leinentuch und pressen dabei die Pflanzenrückstände kräftig aus. Füllen Sie das Öl in eine dunkle Flasche, und bewahren Sie es an einem dunklen Platz auf. Seine Heilkraft bleibt bis zu zwei Jahren erhalten.

Mit ihrem naturreinen Johanniskrautöl in der Hausapotheke haben Sie ein hervorragendes Einreibemittel bei kleinen Verbrennungen, bei Schrunden, Blutergüssen, Frostbeulen, Muskelzerrungen und Gliederschmerzen. Zur Weiterverarbeitung in kosmetischen Mitteln ist das Johanniskraut ebenfalls verwendbar.

JOJOBAÖL *(Oleum Jojoba)* Das Jojobaöl wird aus den erdnußgroßen Samen der immergrünen Wüstenpflanze *Simmondsica chinensis* gewonnen. Seit Jahrhunderten haben die Indianer Nordamerikas das Öl für Heilzwecke verwendet. Das Jojobaöl zeichnet sich durch seine besondere Hautfreundlichkcit aus, es ist vor allem reich an Vitamin F, das auch als Hautschutzvitamin bezeichnet wird. Wegen seiner hervorragenden Emulgierungsfähigkeit und seiner guten Hautverträglichkeit wird das Öl sehr gerne für erstklassige Hautcremes verwendet; es macht die Cremes sahnig weich und leicht verstreichbar. Neuerdings bekommt man Jojobaöl auch in deutschen Apotheken, allerdings ist es relativ teuer. Aber die Anschaffung lohnt sich, denn das Jojobaöl gehört zu den wertvollsten Ölen in der Naturkosmetik.

KAKAOBUTTER *(Oleum Cacao)* Die Kakaobutter ist ein Nebenprodukt bei der Herstellung des Kakaos. Sie wird aus den Früchten des Kakaobaumes gewonnen, der in Mittelamerika, in Guyana, am Amazonasstrom und im ganzen tropischen Südamerika wild wächst. Die Kakaobohnen enthalten 53 Prozent Fett. Nach der Vorreinigung, Schälung, Aufschließung und Vermahlung werden die Kakaobohnen mit hydraulischen Pressen unter hohem Druck ausgepreßt. Bei der Pressung müssen besondere Vorsichtsmaßregeln beachtet werden, um die Qualität des Fetts nicht ungünstig zu beeinflussen. Gut gepreßte Kakaobutter darf nur ganz geringe Mengen freier Fettsäuren enthalten, sie muß im Griff fest, spröde und glatt sein und darf an den Fingern nicht schmieren. In frischem Zustand ist Kakaobutter hellgelb; minderwertige Kakaobutter ist tiefgelb bis bräunlich. Die in Apotheken erhältliche Kakaobutter ist auf Verfälschungen untersucht und muß den Qualitätsansprüchen des Deutschen Arzneibuches entsprechen.

Kakaobutter ist eine wichtige Grundsubstanz für die Zubereitung feinster Kosmetika. In Kontakt mit der Hautwärme schmilzt sie und bewirkt damit eine gute Verstreichbarkeit von Cremes. Wegen ihrer besonderen Hautfreundlichkeit eignet sie sich auch gut für die Herstellung von Babycremes.

KAMILLENBLÜTEN *(Flores Chamomillae)* Ätherisches Öl, Gummi, Wachs, Fett und organische Säuren gehören zu den wertvollen Heil- und Wirkstoffen der Echten Kamille. Der bedeutendste Heilstoff in der Blüte ist jedoch das berühmte Kamillenöl, das *Chamazulen.* Die Gewinnung von naturreinem Azulen ist sehr teuer, und man kann sicher davon ausgehen, daß kosmetische Fertigprodukte mit Azulen lediglich mit dem synthetischen Nachbau von Azulen versetzt sind.

Wegen ihrer lindernden, reizmildernden, beruhigenden und desodorierenden Eigenschaften ist die Kamillenblüte aus der Naturkosmetik nicht wegzudenken: Bei Bädern, Kompressen und Umschlägen, Deodorants, Hautcremes, Gesichtswässern und für aufhellende Haarspülungen – Kamillenblüten sind immer ein wichtiger Bestandteil.

Auch bei den Kamillenblüten gibt es im Handel unterschiedliche Qualitäten, was sich im Preis niederschlägt. So eignet sich etwa die Römische Kamille *(Flores Chamomillae Romanae)* besonders gut für aufhellende Haarspülungen bei blondem Haar; die deutsche Kamillenblüte *(Flores Chamomillae german.)* gibt nur wenig Farbe ab, eignet sich aber gut für Tees, pflanzliche Auszüge und zur Einarbeitung in Kosmetika.

KAMILLENBLÜTEN-ÖLAUSZUG *(Oleum Chamomillae infusum)* Den öligen Auszug aus der Kamillenblüte bekommt man fertig in der Apotheke unter der Bezeichnung Oleum Chamomillae infusum oder fettes Kamillenöl. Selbst stellt man den Ölauszug so her:

Zutaten
10 g getrocknete Kamillenblüten · 200 g Olivenöl

Für die Zubereitung des Kamillenblüten-Ölauszugs setzt man die Mengen hoch an, denn Kamillenblüten nehmen sehr viel Öl auf. Die getrockneten Kamillenblüten werden in ein Apothekerglas mit breiter Öffnung gegeben und mit leicht erwärmtem Olivenöl übergossen, so daß alle Blüten von Öl bedeckt sind. Die Flasche gut verschließen und mindestens zehn Tage an einem warmen Platz stehen lassen. Danach das duftende goldgelbe Öl abseihen und dabei die Pflanzenrückstände gut ausdrücken. Anschließend das Öl durch das mit einem Mulltüchlein ausgelegte Sieb rinnen lassen, um alle Pflanzenrückstände zu beseitigen. Pflanzenrückstände im Öl können zum raschen Verderb kosmetischer Produkte beitragen.

KAMILLENBLÜTEN-TINKTUR *(Tinctura Chamomillae)*
Auch die Kamillenblüten-Tinktur ist ein wertvoller Bestandteil der Naturkosmetik. In Gesichts- und Rasierwässern, in Deodorants und Kopfwässern findet sie Verwendung. Fertig bekommt man die Kamillen-Tinktur in der Apotheke. Man kann sie auch selbst herstellen:

Zutaten
10 g getrocknete Kamillenblüten · 100 g Alkohol (70 %)

Füllen Sie die getrockneten Kamillenblüten in eine dunkle Apothekerflasche mit breiter Öffnung. Gießen Sie den Alkohol darüber und stellen Sie die gut verschlossene Flasche für mindestens zehn Tage an die Sonne oder an einen warmen Platz im Haus. Ab und zu gut durchschütteln. Dann seihen Sie die goldfarbene, herrlich duftende Tinktur ab und filtern die gewonnene Flüssigkeit durch Kaffeefilterpapier klar. Bewahren Sie die Tinktur in einem dunklen Fläschchen auf.

KAMPFER *(Camphora japonica vera)* Kampfer wird aus dem Holz des Kampferbaums, der in Japan, China und Formosa wächst, gewonnen. Man kauft die grobkristallinen Kampferkörner in der Apotheke. Neuerdings wird Kampfer auch synthetisch hergestellt, doch wird dieser Kampferersatz nur in der Großindustrie, nicht aber in der Naturkosmetik verwendet.

Kampfer ist in Wasser nicht löslich, jedoch sehr gut in Alkohol und in fetten Ölen. Kampfersalben wirken schmerz- und juckreizstillend. Die kosmetische Wirkung des Kampfers beruht auf seiner durchblutungssteigernden und entzündungswidrigen Kraft, weshalb man ihn gerne in Cremes, in Gesichts- und in Rasierwässern verwendet.

KAMPFERSPIRITUS *(Spiritus camphoratus)* Kampferspiritus bekommt man fertig in der Apotheke zu kaufen. Man kann ihn auch selbst herstellen:

Zutaten
90 g Alkohol (96 %) · 10 g Kampferkristalle
10 g destilliertes Wasser

Die Kampferkristalle in Alkohol lösen. Die Mischung in eine dunkle Glasflasche geben und mit dem destillierten

Wasser aufgießen. Gut durchschütteln. Beschriften und an einem dunklen Platz aufbewahren.

Kampferspiritus ist ein desinfizierendes, durchblutungssteigerndes Mittel von intensivem Eigengeruch. Einreibungen mit Kampferspiritus wirken herrlich kühlend und erfrischend bei müden Füßen, bei Schwellungen und Gelenkschmerzen. Juckende Mückenstiche werden mit Kampferspiritus rasch zum Abklingen gebracht; nach Mückenstichen kommt es nicht zu unangenehmen Schwellungen, wenn man sofort nach dem Stich die betreffenden Stellen mit Kampferspiritus einreibt. In vielen kosmetischen Produkten findet der ziemlich stark verdünnte Kampfer gute Anwendung.

Während der englischen Kolonialzeit entdeckten die Engländerinnen den Kampferspiritus als vielseitig verwendbares Schönheitsmittel. Einige Tropfen Kampferspiritus ins kalte Waschwasser gegeben, festigt die Haut und erfrischt sie. Gegen vereinzelt auftretende Mitesser und Pickel kann man Kampferspiritus gut gebrauchen, denn er läßt Hautunreinheiten rasch abklingen. Auf Reisen sollte man immer ein Fläschchen Kampferspiritus dabeihaben. Er ist das beste Universalhilfsmittel gegen Mückenstiche, gegen müde Füße und schließlich auch gegen die lästigen kleinen Hautunreinheiten, die auf Reisen – bedingt durch die ungewohnte Ernährung – so gerne auftreten.

KATECHU *(Catechu)* Das Katechu wird aus dem Holz indischer und afrikanischer Akazien gewonnen. Der eingedickte Pflanzensaft kommt in Form kleiner kristalliner Körner oder als Pulver in den Handel. In Apotheken erhält man das braune Katechu auch unter der Bezeichnung Catechu granul. Katechu enthält bis zu 70 Prozent Katechugerbsäure, etwa 6 Prozent Gummi und einen roten Farbstoff. In warmem Wasser gelöst, gibt Katechu eine intensive braunrote Farbe ab, die als unschädliches pflanzliches Haarfärbemittel sehr gut geeignet ist. Katechu wird auch als Zusatz zu Henna-Haarfarben empfohlen. Hierzu löst man zuerst das

Katechupulver in warmem Wasser auf und rührt anschließend das Hennapulver ein. Bevor man den rotfärbenden
Hennabrei auf das Haar aufträgt, sollte man die Farbe an
einer Haarsträhne testen.

KLETTENWURZEL *(Radix Bardanae)* Als Pflegemittel für
Haar und Kopfhaut ist die Klettenwurzel allgemein be-
kannt; in der Kräuterheilkunde dient der kalt angesetzte
Klettenwurzeltee als äußerlich anzuwendendes Heilmittel
bei nässenden Flechten, bei Hautunreinheiten und bei
Brandwunden; zur Abheilung von Furunkeln und Ge-
schwüren nimmt man den Tee als heilendes Teilbad. Bei
Entzündungen im Mund- und Rachenraum wird mehrmals
täglich mit kalt angesetztem Klettenwurzeltee gegurgelt.
Sowohl der ölige wie der wäßrige und der alkoholische
Auszug aus Klettenwurzeln finden in der Naturkosmetik
vielseitig Verwendung.

KLETTENWURZEL-ÖL *(Oleum Bardanae infusum)* Fertig
verpackt bekommt man Klettenwurzelöl in der Apotheke.
Auch die zerkleinerten Wurzelteilchen gibt es zu kaufen,
aus denen man das Öl leicht selbst herstellen kann.

Zutaten
15 g Klettenwurzel · 100 g Olivenöl

Füllen Sie die Klettenwurzelteilchen in ein dunkles Apothekerglas mit breiter Öffnung und gießen Sie das im
Wasserbad leicht erwärmte Öl darüber. Gut verschließen
und die Flasche mindestens zwei Wochen an einem warmen
Platz stehen lassen. Öfters durchschütteln. Nun seihen Sie
das Öl ab und filtern es durch ein Mulltüchlein klar. In einer
dunklen Flasche aufbewahren.

In dieser Form kann man das Klettenwurzelöl als heilendes Öl für die Kopfhaut verwenden; vor allem bei Schuppen
und Flechten ist es sehr hilfreich. Vor der Haarwäsche
massiert man die Kopfhaut mit dem Öl ein, wickelt ein

wärmendes Tuch um den Kopf und läßt das Öl so lange wie möglich einwirken; anschließend das Haar waschen. Klettenwurzelöl kann man auch in Haarpackungen einsetzen, außerdem ist es ein wirksamer Bestandteil von Hautcremes bei unreiner Haut.

KLETTENWURZEL-TINKTUR *(Tinctura Bardanae)* Der alkoholische Auszug aus Klettenwurzeln wird in verdünnter Form in Kopfwässern und in Gesichtswässern für unreine Haut gebraucht. Die Tinktur ist in der Apotheke erhältlich, aber man kann sie auch selbst herstellen.

Zutaten
10 g Klettenwurzel · 100 g Alkohol (70 %)

Die getrockneten Klettenwurzelteilchen in ein Glas mit breiter Öffnung geben und mit dem Alkohol übergießen. Etwa zwei Wochen an einem warmen Platz im Haus stehen lassen; öfters durchschütteln. Dann die Tinktur abseihen und durch Kaffeefilterpapier klarfiltern. In einer dunklen Flasche aufbewahren.

KORNBLUME *(Flores Cyani)* Der lateinische Gattungsname der Kornblume geht auf den sagenumwobenen Kentaur Chiron zurück. Dieses Wesen – halb Mensch, halb Pferd – war Erzieher des Achilles und galt außerdem als heilkundig. Wegen ihres leuchtenden Blaus wurde den Blüten stets eine wohltuende Wirkung auf die Sehkraft, besonders bei blauen Augen, zugesprochen. Auf dem Land nennt man die Kornblume noch heute ›Brillenzerstörer‹, denn die Augenbäder mit Kornblumentee wirken erfrischend, lindernd und heilend bei entzündeten Augen und sollen auch die Sehkraft stärken.

Die Kornblume ist nicht nur ein Heilkraut; bei vorsichtiger Zubereitung in Form eines Aufgusses gibt sie eine sanftblaue Farbe und kann so für die Tönung von grauem Haar gut verwendet werden.

KRAUSEMINZWASSER *(Aqua Menthae crispae)* Der Name Minze beziehungsweise der lateinische Gattungsname *Menthae* leitet sich vom griechischen *minthe*, dem Namen einer Nymphe ab, die der Sage nach von der eifersüchtigen Proserpina in diese Pflanze verwandelt wurde. Man schätzte die Minze schon im Altertum als Heilpflanze und als Gewürz. Es gibt zahlreiche Arten von Minzen, deren Gehalt an ätherischem Öl unterschiedlich hoch ist. Die Krauseminze *(Mentha crispata)* ist reich an ätherischem Öl. Das während der Wasserdampfdestillation bei der Gewinnung des *Pfefferminzöls* anfallende Krauseminzwasser wird gerne in der Naturkosmetik verwendet. Man setzt das erfrischend duftende Wasser Hautcremes, Gesichts- und Rasierwässern zur Pflege der fetten und unreinen Haut zu (siehe auch *Pfefferminzwasser*).

LANOLIN *(Lanolinum)* Lanolin wird aus dem gründlich gereinigten Fett der Schafwolle gewonnen. Seit Menschengedenken zählt das Lanolin wegen seiner vorzüglich hautpflegenden Eigenschaften und seiner dem natürlichen Hautfett ähnlichen Beschaffenheit zu den bedeutendsten kosmetischen Grundstoffen. Das gelbliche, salbenartige Lanolin, das man unter dieser Bezeichnung in der Apotheke erhält, ist mit Wasser versetzt, um es für den Hausgebrauch leicht anwendbar zu machen. Da das naturbelassene Lanolin bis zu 100 Prozent wasseraufnahmefähig ist, zieht man in der Naturkosmetik das wasserfreie *Lanolin anhydrid* dem handelsüblichen Lanolin vor.

Gelegentlich treten bei der Anwendung von Lanolin Hautunverträglichkeiten auf. Im Hinblick auf diese Hautunverträglichkeiten ist wieder einmal Kritik an den Praktiken der Rohstoffhersteller zu üben, und zwar an der Art der Gewinnung des Lanolins. Ein Stoff, der sich über Jahrhunderte als hautverträglich erwiesen hat, wird nicht von einem Tag auf den anderen hautunverträglich. Tatsache ist vielmehr, daß die Rohstoffhersteller die Schafwolle bei der Gewinnung des Lanolins mit aggressiven Lösungsmitteln auswaschen und die im Lanolin zurückgebliebenen Lösungsmittel Hautreizungen verursachen können. Es ist also keineswegs dem Lanolin die Schuld zu geben. Das ursprünglich hautfreundliche Lanolin war durch die rücksichtslosen Praktiken der Rohstoffhersteller ins Kreuzfeuer der Kritik geraten, so daß Kosmetikprodukte, die Lanolin enthielten, einen Hinweis auf der Verpackung tragen mußten. Dies paßte nun wieder den Kosmetikherstellern nicht, und auf ihre Intervention bei den Rohstoffproduzenten hin wird Lanolin mit weniger aggressiven Auswaschungsmitteln, Tensiden und Emulgatoren gewonnen. Völlig rückstandsfreies Lanolin findet man nur in biologisch arbeitenden Betrieben. In der Apotheke erhältliches Lanolin entspricht den Bestimmungen des Deutschen Arzneibuchs.

LANOLIN ANHYDRID *(Adeps Lanae anhydricus)* Das wasserfreie Wollfett ist eines der wertvollsten Mittel zur Herstellung von Salben, Cremes und Emulsionen. Es wird nicht ranzig, nimmt bis zu 100 Prozent Wasser auf, wird von der Haut gut absorbiert und enthält wertvolle biologische Baustoffe: Ester des Cholesterins und freies Cholesterin sowie Provitamin D. Wegen seiner enormen Ergiebigkeit und Hautfreundlichkeit ist es ein unentbehrliches Mittel in der Naturkosmetik (siehe auch Wollwachsalkohole).

LATSCHENKIEFERNÖL *(Oleum Pini Pumilionis)* Das Latschenkiefernöl, auch Krummholzöl genannt, wird durch Wasserdampfdestillation von Nadeln und Zweigspitzen der Latschenkiefer vor allem in Tirol gewonnen. Das Öl hat einen sehr angenehmen, balsamischen Geruch und wird häufig in Badepräparaten verwendet. In Verbindung mit warmem Wasser entwickelt es aromatische Düfte, die heilend auf die Atemwege einwirken.

LAVENDELBLÜTEN *(Flores Lavendulae)* Die duftende, blauviolette Lavendelblüte ist im gesamten Mittelmeergebiet heimisch und wird in Griechenland, Dalmatien, Nordafrika und in den französischen und italienischen Seealpen kultiviert. Der Gehalt ihres ätherischen Öls wird von der Sonnenkraft bestimmt, weshalb unser heimischer Lavendel im Garten nicht die hohe Qualität der importierten Blüten, etwa die der wild wachsenden petite Lavande, erreicht. Sowohl als Heilpflanze wie auch für die kosmetische Behandlung ist die Lavendelblüte von unschätzbarem Wert. Das Kräuterbad mit Lavendelblüten wirkt erfrischend und belebend; eine Handvoll Lavendelblüten im Gesichtsdampfbad erfrischen müde Züge und machen die Haut klar und rein. In Sachets und Kräuterbeuteln für den Wäscheschrank wird Lavendelblüte gerne verwendet.

LAVENDELÖL *(Oleum Lavendulae)* Das naturreine Lavendelöl ist eines der am häufigsten verwendeten Öle in der Parfümerie. Es wird durch Wasserdampfdestillation aus den Lavendelblüten gewonnen und kommt hauptsächlich aus Frankreich, Rumänien und Jugoslawien. Man verwendet es in Badezusätzen und als Parfümierung in Hautcremes und in Gesichtswässern. Es verfügt über sanft desinfizierende und heilende Eigenschaften, weshalb es gerne zur Behandlung von unreiner Haut gebraucht wird.

LAVENDEL-TINKTUR *(Tinctura Lavendulae)* Die Lavendel-Tinktur ist der alkoholische Auszug aus den Lavendelblüten. Fertig bekommt man die Tinktur in der Apotheke, selbst stellt man sie folgendermaßen her:

Zutaten
10 g getrocknete Lavendelblüten
100 g Alkohol (70 %)

Die getrockneten Blüten werden in ein dunkles Apothekerglas mit breiter Öffnung gegeben, mit dem Alkohol übergossen und gut verschlossen an einem warmen Platz im
Haus oder an der Sonne stehen gelassen. Ab und zu durchschütteln. Nach mindestens zehn Tagen seiht man die
Tinktur ab und drückt die Blüten gut aus. Durch Kaffeefilterpapier filtern und gut verschlossen aufbewahren.

Die heilkräftige Lavendel-Tinktur findet gute Verwendung in Gesichts- und in Rasierwässern. Sie wirkt erfrischend, reinigend und klärend auf die Haut.

LEINÖL *(Oleum Lini)*   Leinöl wird aus den Samen des Leins
oder Flachses durch kalte Pressung gewonnen. Kaltgepreßtes Leinöl ist goldgelb, in Geruch und Geschmack angenehm mild. Warmgepreßtes Leinöl ist bernsteingelb bis
bräunlichgelb, scharf im Geruch, im Geschmack süßlich
bitter. In der Naturkosmetik findet nur das kaltgepreßte Öl
Verwendung. Es ist reich an ungesättigten Fettsäuren. Wegen seines Gehalts an Vitamin F, seiner angenehmen Dünn-
flüssigkeit und seiner guten Verstreichbarkeit ist das Leinöl
Bestandteil von Hautcremes und Körperpflegemitteln, vor
allem bei fetter, unreiner Haut.

LEINSAMEN *(Semen Lini)*   Den Leinsamen bekommt man
in Naturkostläden und im Reformhaus. Frisch geschrotet,
eignet er sich als Beigabe zum Frühstücksmüsli und hilft in
der Ernährung vor allem bei Verdauungsbeschwerden.
Wenn Sie eine Getreidemühle im Haus haben, verwenden
Sie den frisch geschroteten Leinsamen zur Gesichtsreinigung bei unreiner Haut, gegen Pickel und Mitesser. Den
Leinsamen mit ein wenig warmem Wasser vermischen und
die Gesichtshaut täglich sanft damit abrubbeln. Durch
diesen Abschilferungsprozeß kommen Hautunreinheiten
zum Abklingen, der Leinsamen verhilft zu gut durchbluteter und klarer Haut. Hier muß man wieder sagen, daß nur
die regelmäßige Anwendung wirklich hilfreich ist und zum
Erfolg führt.

LEMONGRASÖL *(Oleum Cymbopogon flexuosus)* Das ätherische Öl aus der vorderindischen Grasart *Cymbopogon flexuosus* nennt man auch indisches Verbenenöl. Das angenehm nach Verbenen duftende ätherische Öl wird durch Wasserdampfdestillation aus den Blättern des Lemongrases gewonnen. Das Öl verwendet man zur Parfümierung von Badezusätzen und von Gesichtswässern. Es hinterläßt einen zitronenartigen Duft und wirkt angenehm erfrischend.

LORBEERÖL *(Oleum Lauri expressum)* Das Lorbeeröl wird aus Lorbeerfrüchten unter Anwendung von Wärme gepreßt oder durch Auskochen gewonnen. Es ist ein grünes, salbenartiges Gemisch aus Fett und ätherischem Öl. Lorbeeröl schmilzt bei etwa 36 Grad zu einer dunkelgrünen, würzig duftenden Flüssigkeit, auch in erhitztem Alkohol ist es löslich. In Fett geschmolzen, eignet sich das intensiv duftende Lorbeeröl zur Herstellung von Duftkerzen, Riechdosen, Potpourris. Wegen seiner hautreizenden Wirkung wird das Lorbeeröl nicht in kosmetische Produkte eingearbeitet, die auf der Haut verbleiben. Jedoch ist beispielsweise gerade diese hautreizende Wirkung in der Naturheilkunde erwünscht, wo das Lorbeeröl in Salben gegen rheumatische Schmerzen und gegen Verrenkungen eingesetzt wird. Der Zusatz von Lorbeeröl im Badeöl wirkt erfrischend und stimulierend.

MALVENBLÜTEN *(Flores Malvae silvestris)* Die Malve zählt zu den ältesten Heilkräutern der Geschichte. Schon vor 5000 Jahren war sie bei den Chinesen eine beliebte Teepflanze zur Behebung von Verdauungsstörungen, und in der Bibel heißt es, daß Moses den Fieberkranken Malventee zu trinken gab. Zu den heilkräftigen Pflanzenteilen gehören die Blüten, die Blätter und auch die Malvenwurzel. Aus der Wurzel stellt man wäßrige Auszüge her, so wie aus den Wurzeln des *Echten Eibischs.*

Die Malvenblüten enthalten etwa sechs bis acht Prozent pflanzlichen Schleim, dessen mildernde, einhüllende und lindernde Kraft viele Anwendungsmöglichkeiten in der Naturkosmetik findet. Bei trockener, spröder und rissiger Haut wirkt die Malvenblüte glättend und heilend. Neben dem in den Blüten enthaltenen Schleim, dem Gerbstoff und dem ätherischen Öl enthält die Blüte einen wasserlöslichen Farbstoff, das sogenannte Malvin, das Bädern, Gesichtswässern, Tees und Gurgelwässern eine schöne violette Farbe verleiht.

MANDARINENÖL *(Oleum Mandarinae)* Das Mandarinenöl wird aus den Schalen der Madarinen gewonnen. Wegen seines erfrischenden, angenehmen Duftes ist es in der Parfümerie beliebt. Man setzt es wohlriechenden Badezusätzen, Eau de Toilette, Körperpudern und Toilettessig zu.

MANDELKLEIE *(Farina Amygdalarum)* Korrekt sollte die Mandelkleie der süßen Mandeln Mandelmehl heißen, denn der pulverisierte Preßrückstand, der bei der Gewinnung des süßen Mandelöls anfällt, enthält sowohl die Kleie wie auch den Kern. In der Naturkosmetik wird die Mandelkleie für Gesichtspackungen und Gesichtsreinigungsmittel verwendet. Bei empfindlicher Haut, die Seife nicht verträgt, ist die tägliche Waschung mit dem als Mandelkleie bezeichneten Mandelmehl ideal. Durch sanfte Abschilferung wird das Hautbild geklärt, Hautunreinheiten kommen zum Abklingen.

MANDELÖL, SÜSSES *(Oleum Amygdalarum)* In den Mittelmeerländern, in Vorderasien, in China, in Kalifornien und in Brasilien wächst der 4 bis 7 m hoch werdende Mandelbaum. Aus den reifen Samen der Steinfrüchte wird das süße

Mandelöl durch kalte Pressung gewonnen. Das gelbe, geruchlose, fast klare Öl wird nur in den besten kosmetischen Mitteln verwendet, da es relativ teuer ist. Neben dem Avocadoöl, dem Weizenkeimöl, dem Aprikosenkernöl und dem Jojobaöl gehört es zu den wertvollsten Pflanzenölen. Da es reizlos gut vertragen wird, kann man es auch zur Babypflege und zur Herstellung von Hautpflegemitteln für Babys heranziehen.

MELISSENÖL *(Oleum Melissae)* Die aus dem Orient stammende Melisse ist eine alte Gewürz- und Heilpflanze, die schon seit langem im ganzen Mittelmeerraum verbreitet ist. Bei uns wird sie vor allem in Bauerngärten angepflanzt; die jungen Melissenblätter werden frisch als Salatgewürz gegessen. Die Melisse zählt zu den besten Bienenfutterpflanzen, worauf ihr Name vom Griechischen *melissa* (Biene) bzw. *meli* (Honig) Bezug nimmt. Alle Teile der Pflanze riechen stark nach Zitrone. Aus Melissenblättern kann man Tee gegen Kopf- und Zahnschmerzen, gegen Schlaflosigkeit und Nervosität bereiten.

Das ätherische Öl wird durch Wasserdampfdestillation aus den Melissenblättern gewonnen. Wegen seiner beruhigenden Wirkung setzt man es gerne in der pflegenden Kosmetik bei nervöser, schuppender, trockener und alternder Haut ein; in Hautcremes, Gesichtswässern, in Körperlotionen, in Massageölen und in Badezusätzen findet es ideale Verwendung.

MELISSEN-TINKTUR *(Tinctura Melissae)* Den alkoholischen Auszug aus den Melissenblättern – die Melissen-Tinktur – bekommt man fertig beim Apotheker. Die Tinktur ist ein wichtiges Ingrediens für die Herstellung von Lotionen, Gesichts- und Rasierwässern. Bei größerem Bedarf lohnt es sich, die Melissen-Tinktur selbst herzustellen.

Zutaten
10 g getrocknete Melissenblätter · 100 g Alkohol (70 %)

Die getrockneten, zerkleinerten Melissenblätter in ein dunkles Apothekerglas mit breiter Öffnung geben und mit dem Alkohol übergießen. Gut verschlossen bleibt das Fläschchen etwa zwei Wochen lang an einem warmen Platz stehen, bevor man die Tinktur abseiht. Die Blätter gut ausdrücken. Durch Kaffeefilterpapier klarfiltern. Die Melissen-Tinktur lichtgeschützt aufbewahren.

MENTHOL *(Mentholum verum)* Menthol erhält man in Form von farblosen, nadelförmigen Kristallen. Das Menthol wird aus mentholhaltigen Pfefferminzölen durch Abkühlung auf tiefe Temperaturen (-22 Grad) gewonnen und neuerdings auch synthetisch hergestellt. In der Naturkosmetik kommt nur *Mentholum verum* zur Verwendung.

Das in Alkohol und in ätherischen Ölen, nicht aber in Wasser lösliche Menthol wird wegen seiner kühlenden und erfrischenden Wirkung gerne in Mundwässern und Lotionen, vor allem aber in Rasierwässern verarbeitet.

MILCHSÄURE *(Acidum lacticum)* Milchsäure ist eine sirupartige farblose Flüssigkeit, die bei der Milchsäuregärung entsteht. In schwacher Dosierung besitzt die Säure eine mild hornlösende Fähigkeit und greift die Haut nicht an. Sie wird deshalb für deodorierende Waschungen sowie für Fußbäder zur Lösung verfestigter Hornhaut verwendet. Stark verdünnt, hilft sie, den biologischen Säuremantel der Haut zu regenerieren.

MYRRHE-TINKTUR *(Tinctura Myrrhae)* Die Myrrhe-Tinktur ist der alkoholische Auszug der Myrrhe, eines an der Luft erhärteten Harzes des Myrrhebaumes. Die balsamisch duftende, farblose Flüssigkeit verfärbt klares Wasser milchig. Die Tinktur wirkt vor allem desinfizierend und entzündungshemmend, deshalb wird sie mit Vorliebe für die Mundpflege verarbeitet. Entzündetes Zahnfleisch oder Bläschen auf der Mundschleimhaut werden mit verdünnter Myrrhe-Tinktur bepinselt.

NELKENÖL *(Oleum Caryophylli)* In Sansibar, Mauritius und Madagaskar wird die Gewürznelke angebaut. Die mit der Hand gepflückten Blütenknospen werden von den Nelkenstielen des kleinen immergrünen Baums gepflückt und im Freien auf Kokosmatten getrocknet. Die Nelken werden als Gewürz verwendet, und das aus ihnen gewonnene Öl ist vor allem in der Zahnmedizin bekannt: Das stark antiseptisch wirkende Öl wird als schmerzstillendes Mittel im Mundraum angewendet. In sehr schwacher Dosierung dient es als Zusatz von Mundwässern, Zahnpasten und Seifen. Wegen seines würzigen Duftes nimmt man es gerne in der Parfümerie, etwa für Sachets, für Duftkissen und für Riechsalze. Ein Fläschchen Nelkenöl sollte man auf dem Nachttisch stehen haben, wenn Schnaken den Schlaf stören; sie fliehen vor dem Duft von Nelkenöl und lassen den Schläfer in Ruhe. Da Nelkenöl lokalanästhetische Wirkung hat, ist die Reaktion erklärbar. Eine mit Nelkenöl parfümierte Duftkerze ist gewiß ein besserer ›Schnakenvertreiber‹ als Giftspray.

ORANGENBLÜTEN *(Flores Aurantii)* Die wohlriechenden, getrockneten Orangenblüten erhält man in der Apotheke. Wegen ihrer stimulierenden Wirkung setzt man sie gerne Gesichtsdampfbädern zu. Auch für die Herstellung von Potpourris und Sachets gehören die Orangenblüten neben den Rosenblüten zu den beliebtesten Ingredienzen.

ORANGENBLÜTENÖL *(Oleum Aurantii Floris* oder *Oleum Aurantii Floris artific.)* Neben dem Rosenöl ist das echte Orangenblütenöl eines der teuersten ätherischen Öle. Wer sich die echten Öle für die Naturkosmetikherstellung kaufen will, sollte sich zuerst beim Apotheker nach dem Preis erkundigen. Statt dem echten Orangenblütenöl kann man auch in der Naturkosmetik das künstliche Orangenblütenöl nehmen, das unter der Bezeichnung *Neroli* in den Apotheken geführt wird. Zur Parfümierung von Badezusätzen, Haarshampoos, Körperpflegemitteln, Sachets und Duftkerzen ist es sehr gut geeignet.

ORANGENBLÜTENWASSER *(Aqua Aurantii Floris)* Durch Wasserdampfdestillation wird das kostbare Orangenblütenöl oder echte Neroliöl gewonnen. Das während der Destillation aufgefangene duftende Orangenblütenwasser erhält man in der Apotheke auch unter der Bezeichnung ›Eau de fleurs d'Oranger‹. Neben dem Rosenwasser gehört es zu den kostbarsten Wässern der Naturkosmetik. Wegen seines feinen, anregenden Duftes und seiner hautfreundlichen Eigenschaften wird es feinsten Cremes und Lotionen zugesetzt.

PATCHOULIÖL *(Oleum Patchouli)* Das Patchouliöl wird durch Wasserdampfdestillation aus den Blättern und Stengeln von *Popstemon Patchouli* gewonnen. Die Pflanze stammt aus Indien und wird meist in getrocknetem Zustand importiert und in Europa destilliert. In der Parfümerie wird das Patchouliöl als Fixativ und als Mischungsmittel verwendet, so auch bei der Seifenherstellung. In der Aromatherapie setzt man das Patchouliöl für die Schlafbehandlung ein: Nach Patchouliöl duftende Sachets werden unter die Kopfkissen gelegt und gelten als Stimulans für Leute, die morgens nicht aufwachen können. Mit dem Duft von Rose, Vetiver und Sandelholz läßt sich das Patchouliöl gut kombinieren.

PETITGRAINÖL *(Oleum Petitgrain)* Aus den Blüten, Zweigen und grünen Früchten der bitteren Orange wird das Petitgrainöl durch Wasserdampfdestillation gewonnen. In der Parfümerie verwendet man es für die Herstellung des halbsynthetischen Neroliöls, das als Ersatz für das kostbare *Orangenblütenöl* dient. In der Aromatherapie wird das angenehm duftende Öl inhaliert, um die Wachheit des Bewußtseins anzuregen. Aus diesem Grund ist das Petitgrainöl auch als Badezusatz für belebende Bäder geeignet. Außerdem findet es als Duftnote für Riechkissen und Riechsalzfläschchen Verwendung. Zur Parfümierung von Hautcremes sollte man das Petitgrainöl nicht nehmen, da es unter dem Einfluß von Sonne Hautirritationen verursachen kann.

PFEFFERMINZE *(Folia Menthae piperitae)* In Europa, Nordamerika, Asien und Südamerika ist die Pfefferminze heimisch. Ähnlich wie die Kamille gilt die Pfefferminze in unseren Hausapotheken als Universalhilfsmittel, sei es bei Übelkeit, bei Magen-, Darm- oder Gallenbeschwerden. Die verdauungsfördernde, krampfstillende, antiseptische und galletreibende Kraft der Pfefferminzblätter beruht vor allem auf ihrem Gehalt an ätherischem Öl.

In der Naturkosmetik spielt die Pfefferminze eine wichtige Rolle: Als Kräuterzusatz im Bad wirkt sie belebend und erfrischend. Mit getrockneten Rosenblütenblättern vermischt, gilt das Pfefferminzbad als stimulierendes Bad bei Müdigkeit und Abgeschlagenheit; Pfefferminzblätter in Essig mazeriert und mit einem Tropfen Pfefferminzöl parfümiert, ergeben einen köstlich duftenden Toilettessig gegen unreine Körperhaut; als Zusatz zum Gesichtsdampfbad hilft die Pfefferminze bei der Behandlung der unreinen und fetten Haut. Neben der Rose, dem Thymian, der Ringelblume, dem Lavendel und dem Rosmarin zählt die Pfefferminze zu den wirksamsten Heilkräutern in der Naturkosmetik.

PFEFFERMINZÖL *(Oleum Menthae piperitae)* Das intensiv nach Menthol duftende Pfefferminzöl wird durch Wasserdampfdestillation aus den Blüten und Blättern der Pfefferminze gewonnen. Pfefferminzöl wird wegen seiner erfrischenden, deodorierenden und antiseptischen Wirkung

Mundwässern, Körperpudern, Bädern, Gesichtswässern und Körperlotionen zugesetzt. Allerdings darf man es nur in schwacher Dosierung verwenden, da es wegen seiner Intensität in hoher Dosierung hautreizend wirkt.

PFEFFERMINZWASSER *(Aqua Menthae piperitae)* Bei der Wasserdampfdestillation zur Gewinnung des Pfefferminzöls fällt das Pfefferminzwasser an. Es ist von erfrischendem Geruch und eignet sich vorzüglich zur Herstellung von Cremes, von Gesichts- und Rasierwässern, von Körperlotionen und Kopfwässern. Es wirkt klärend, reinigend und in milder Form antiseptisch. So kommt es vor allem für die Behandlung der unreinen Haut und für die Pflege der Kopfhaut in Frage (siehe auch KRAUSEMINZWASSER).

PFIRSICHKERNÖL *(Oleum Prunus persicae)* Aus den Fruchtkernen des Pfirsichbaums, der in Asien und in den subtropischen Gebieten Amerikas wild wächst und in den Mittelmeerländern kultiviert ist, wird das wertvolle Pfirsichkernöl gewonnen. ›Prunus persicae‹, persische Pflaume oder persischer Apfel, nannte man früher den Pfirsich; unter der Bezeichnung *Oleum Persicae* erhält man das Pfirsichkernöl in der Apotheke. Die Fruchtkerne werden gemahlen und kalt gepreßt. Das hellgelbe, leicht flüssige Öl ist geruchlos und von mildem, angenehmem Geschmack. In der Naturkosmetik nimmt man das reizlos verträgliche Pfirsichkernöl so wie das Mandelöl zur Herstellung feinster Cremes und Körperpflegemittel.

POTTASCHE *(Kalium carbonicum bisdepuratum)* Pottasche befindet sich in der Asche der meisten Pflanzen, vor allem in Buchenasche; sie wird durch Auslaugen gewonnen. ›Pott‹ kommt aus dem Niederdeutschen und heißt ›Topf‹, da man früher die Pottasche in Töpfen aufbewahrte und verschickte. Mit Schmierseife verkocht – wie bei der Herstellung von Haarshampoos –, bewirkt die Pottasche die Neutralisierung. Die doppelt gereinigte Pottasche bekommt man beim Apotheker in Form eines weißen, körnigen Pulvers. Das Pulver muß trocken aufbewahrt werden, da es sehr leicht Feuchtigkeit aufnimmt und dann klumpig wird. Doppelt gereinigte Pottasche wird in der Küche zum Backen verwendet, weshalb man sie auch beim Lebensmittelhändler bekommt.

PROPOLIS *(Propolis)* Das Wort Propolis oder Kittharz bezeichnet eine Reihe harziger, gummiartiger und balsamischer Substanzen zäher Konsistenz, die von den Bienen aufgenommen und in den Stock getragen werden. Schon im alten Ägypten kannte man die Heilkraft des Propolis, das seit Menschengedenken den Ruf eines Heilmittels genießt. Aristoteles bezeichnete das Propolis als das hilfreichste Mittel gegen Hauterkrankungen, Eiterungen und Wunden. Pro = vor und Polis = Stadt – das hieß, die Krankheiten blieben vor der Stadt. In Form von Pulver harziger Konsistenz erhält man Propolis in der Apotheke. Für die Herstellung von Hautcremes gegen unreine Haut wird das harzige Propolispulver zuerst in Fett ausgelassen, bevor es weiterverarbeitet und gegen unreine, fette Haut und Akne eingesetzt wird.

QUEBRACHO-RINDE *(Cortex Quebracho)* Das Holz des südamerikanischen Quebrachobaumes liefert in Verbindung mit Wasser eine schöne hellrote Farbe, ein feines Tizianrot, mit dem man das Haar nach der Wäsche spülen kann. Eine Handvoll der kleingeschnittenen Quebracho-Rindenteilchen, die man in der Apotheke erhält, gibt man in einen halben Liter kochendes Wasser und läßt die Mischung 20 Minuten lang schwach kochen. Dann seiht man die rote

Flüssigkeit ab, filtert sie durch Kaffeefilterpapier und spült das Haar damit. Die Spülung mit Quebracho-Rinde verleiht dem Haar schönen Glanz, sie frischt den natürlichen Rotton von rotem Haar auf und gibt dunklem Haar einen sanften Rotschimmer.

QUECKENWURZEL *(Rhizoma Graminis)* An Heilkräutern uninteressierte Gartenbesitzer und Landwirte betrachten die Quecke nur als Unkraut. Die langkriechenden Wurzelstöcke dieser mit dem Weizen verwandten Grasart sind, einmal in ein Grundstück eingeschleppt, nämlich kaum mehr zu beseitigen. Die Kenner der Heilpflanzen jedoch profitieren von der Zähigkeit der Quecke, denn es sind gerade die Wurzelstöcke dieses Grases, die für kosmetische und medizinische Zwecke verwendet werden. Wertvolle Schleimstoffe, Mineralsalze und ätherisches Öl sind in der Queckenwurzel enthalten. Aus der Queckenwurzel wird ein wäßriger Pflanzenauszug hergestellt, der sich gut in Gesichtswässer einarbeiten läßt. Da Pflanzenschleim nicht lange haltbar ist, eignet er sich wenig für die Einarbeitung in Hautcremes, die zu längerer Aufbewahrung bestimmt sind. In alkoholhaltige Lotionen läßt sich der Pflanzenschleim hingegen gut einarbeiten.

QUITTENSAMEN *(Semen Cydoniae)* Im südöstlichen Arabien ist der Quittensamen heimisch; die Hauptimporte kommen heute aus Spanien, aus Portugal und aus Persien. Die reifen, getrockneten, rotbraun bis braunviolett gefärbten Samen besitzen einen schwachen Bittermandelgeschmack. Der Quittensamen ist reich an pflanzlichem Schleim, der wasserlöslich ist.

Die Heilkraft dieses wertvollen Pflanzenschleims ist in der Naturheilkunde seit langem bekannt. Auflagen von frisch in Wasser gelöstem Quittenschleim nimmt man gegen Entzündungen der Schleimhäute, auch bei Brustwarzenentzündungen stillender Mütter sowie bei kleinen Verbrennungen und Quetschungen.

Der in Wasser gelöste Quittenschleim eignet sich vorzüglich als Haarfestiger; da er auch heilende Wirkung hat, nimmt man ihn gerne bei schuppender Kopfhaut und bei fettem Haar. Dieser Quittenschleim kann auch in alkoholhaltige Gesichts- und Rasierwässer eingearbeitet werden, da er nicht lange haltbar ist und sich in frisch gelöster Form nicht für die Verwendung in Hautcremes, die zu langem Verbrauch bestimmt sind, eignet. Quittenschleim wirkt heilend und klärend, vor allem bei Akne, bei leicht entzündeter und bei unreiner Haut.

RHABARBERWURZEL *(Rhizoma Rheisinensis)* Die schöne große Rhabarberpflanze stammt ursprünglich aus der Mongolei und dem südöstlichen Sibirien. Aus den gekochten Blattstielen werden Konfitüren und Marmeladen bereitet; in der Naturheilkunde schätzt man die Wurzel als heilkräftigen Pflanzenteil. Extrakte aus der Wurzel werden in der Naturheilkunde gegen Magen- und Darmbeschwerden, als mildes Abführmittel und gegen Darmparasiten verwendet.

Die getrockneten, von der Rinde und vom Kork befreiten, gelb, orange oder rötlich gefärbten Rhabarberwurzeln interessieren in der Natur- und Kräuterkosmetik vor allem als Haarfärbemittel für blondes Haar. In warmem Wasser gelöst, geben die zerkleinerten Rhabarberwurzeln, die man in der Apotheke erhält, eine schöne goldene Farbe ab, mit der man das Haar spülen kann. Die pulverisierten Wurzelteilchen, die man mit warmem Wasser zu einem gut streichfähigen Brei verrührt, eignen sich als Haarfärbemittel für blondes Haar. Rhabarberwurzeln wirken aufhellend und sind wesentlich intensiver in ihrer Farbgebung als beispielsweise die klassische Römische Kamille, die blondem Haar einen leichten Goldschimmer verleiht.

ROSENBLÜTENBLÄTTER *(Flores Rosae centifoliae)* Seit dem Mittelalter steht die Rose als Heilpflanze in hohem Ansehen. Vor allem dem in den Blütenblättern enthaltenen ätherischen Öl, ferner dem Fett und dem Gerbstoff sowie der Apfel-, der Weinstein- und der Bernsteinsäure werden zahlreiche Heilwirkungen zugeschrieben. Der Tee aus den getrockneten Blütenblättern schmeckt blumig zart und gilt als guter Blutreinigungstee und auch als herz- und nervenstärkendes Mittel. In der Naturkosmetik finden die duftenden Rosenblütenblätter ungespritzter Gartenrosen vielfältige Verwendung: Eine Handvoll Rosenblütenblätter im Gesichtsdampfbad wirkt anregend und belebend, bei trockener und empfindlicher Haut auch glättend. Eine Kompresse aus frisch gebrühtem Rosentee eignet sich für müde, nervöse Haut. Rosenblüten, in Essig mazeriert, ergeben einen köstlichen Toilettessig. Die Rosenblüten, in einem Leinensäckchen ins Badewasser gehängt, erfrischen und beleben Körper und Geist.

ROSENHOLZÖL *(Oleum Rosae Ligni Rhodii)* Obwohl es zahlreiche wohlriechende Rosenholzarten gibt, wie etwa indisches, brasilianisches oder afrikanisches Rosenholz, enthält das duftende Rosenholz kein ätherisches Öl. Unter dem Sammelbegriff Rosenholz versteht man das Wurzelholz des auf den Kanarischen Inseln beheimateten Strauchs *Convolvulus scoparius.* Aus seinen Wurzeln wird durch Wasserdampfdestillation das Rosenholzöl gewonnen und deshalb Rosenholzöl genannt, weil sein Duft dem des Rosenholzes perfekt gleicht. Das farblose Rosenholzöl wird wegen seines belebenden Rosenduftes gerne als Ersatz für das echte Rosenöl verwendet, das sehr teuer ist. In Haut- und Körperpflegemitteln und zur Parfümierung von Gesichtswässern und Badezusätzen kann man es gut verwenden.

ROSENÖL *(Oleum Rosae, Oleum Rosae artific.)* Das echte Rosenöl wird durch Wasserdampfdestillation aus frischen Rosenblütenblättern gewonnen. Haupterzeugungsländer sind Bulgarien und Frankreich. 4000 bis 5000 kg Blüten ergeben 1 kg Rosenöl; das macht verständlich, weshalb echtes Rosenöl so teuer ist. Als preiswerter Ersatz für das 'echte Rosenöl wird in den Apotheken auch synthetisches bzw. halbsynthetisches Rosenöl angeboten *(Oleum Rosae artific.)*. Es eignet sich sehr gut zur Parfümierung von Gesichtswässern, Körperpflegemitteln, Badezusätzen, Haarshampoos, Sachets und Riechsalzfläschchen. Dem natürlichen Rosenduft ähnlich ist das echte *Geraniumöl* oder *Rosenholzöl*, das man vor allem als Rosenöl-Ersatz zur Parfümierung von Hautcremes verwendet.

ROSENWASSER *(Aqua Rosae)* Bei der Wasserdampfdestillation zur Gewinnung des Rosenöls fällt das Rosenwasser an. Das köstlich duftende Rosenwasser gehört zu den wertvollsten Zutaten in der Naturkosmetik. Wegen seines belebenden Duftes, seiner hautverschönernden Wirkung und seiner belebenden, heilenden Kraft wird es feinsten Cremes und Lotionen zugesetzt.

ROSMARIN *(Folia Rosmarini)* Volkstümlich nennt man den würzig duftenden Rosmarin auch Brautkraut oder Hochzeitsblume. In Mythologie und Geschichte stand der Rosmarin stets in enger Verbindung mit elementaren Dingen des Lebens wie Liebe, Hochzeit, Geburt und Schönheit. Im klassischen Altertum war der Rosmarin der griechischen Göttin Aphrodite, der Göttin der Liebe und Schönheit, geweiht.

Die glückliche Braut schmückte sich mit einem Kranz Rosmarin, und dem Neugeborenen gab man ein Zweiglein Rosmarin in die Hand, damit ihm Glück und Freude zuteil werde. Das Rosmarinsträußchen, so hieß es im Mittelalter, verbreite den Liebeszauber.

Getrockneten Rosmarin bekommt man in der Apotheke, in Kräuterhandlungen und in Bio-Läden. Als Badezusatz eignet er sich für erfrischende, belebende Bäder; im Gesichtsdampfbad nimmt man ihn gerne zur Klärung unreiner Haut und bei Akne; ölige und alkoholische Auszüge aus dem Rosmarin setzt man in Cremes und Gesichtswässern ein.

ROSMARINÖL *(Oleum Rosmarini)* Aus den frischen Blättern und Blüten des Rosmarins wird das Rosmarinöl durch Wasserdampfdestillation gewonnen. Es ist ein stark aromatisch riechendes, ätherisches Öl, das durchblutungssteigernd, belebend und erfrischend wirkt und antiseptische Eigenschaften besitzt. In sanfter Dosierung setzt man das Rosmarinöl in zahlreichen Produkten zur Behandlung der fetten, der unreinen und der Akne-Haut ein. Auch für Bäder sowie zur Herstellung von Hautcremes, Körper- und Gesichtslotionen und Rasierwässern nimmt man es gerne, und für die Haarpflege eignet sich das Rosmarinöl genausogut. Wegen seiner antiseptischen, heilenden Wirkungen parfümiert man Haarpackungen und Kopfwässer damit.

ROSMARIN-TINKTUR *(Tinctura Rosmarini)* Der alkoholische Auszug aus den Rosmarinblättern und -blüten, die Rosmarin-Tinktur, erhält man in der Apotheke. Als Zusatz von Gesichtswässern, Rasierwässern und Körperlotionen wird die Tinktur zur Behandlung unreiner Haut eingesetzt. Selbst kann man die Tinktur folgendermaßen herstellen:

Zutaten
5 g Rosmarin · 100 g Alkohol (70 %)

Sie können für die Herstellung der Rosmarin-Tinktur die getrockneten Rosmarinblätter, die Blüten oder eine Mischung von beiden nehmen. In ein dunkles Apothekerglas mit breiter Öffnung geben und mit dem Alkohol übergießen. Etwa zwei Wochen gut verschlossen an einem warmen Platz stehen lassen. Dann seihen Sie die Tinktur ab und filtern sie durch Kaffeefilterpapier klar. In einem dunklen Fläschchen aufbewahren.

SALBEI *(Folia Salviae)* Der stark kampferartige, balsamische Duft der Salbeiblätter weist auf ihren hohen Gehalt an ätherischem Öl hin; ferner enthalten die Blätter Gerbstoffe, Östrogene und organische Säuren. Als Küchengewürz ist der Salbei bei uns stets beliebt gewesen. In der Kräuterheilkunde gehört der Salbei zu den angesehenen Heilkräutern. Die berühmte ›Schule von Salerno‹ sagt in ihrer Heilkräuter-Gedichtsammlung über den Salbei: »Warum stirbt der Mensch, obwohl Salbei in seinem Garten wächst?«

Die Heilkraft des Salbeis beruht auf seinen blutreinigenden, schleimabführenden und schweißregulierenden Eigenschaften. Zur Blutreinigung ist der Salbeitee sehr zu empfehlen: Man nimmt für 1 Tasse Tee 1 Teelöffel der getrockneten Blätter.

Besonders wegen ihres Gehalts an ätherischem Öl und an Kampfer gehören die Salbeiblätter zu den wirksamsten Mitteln bei unreiner Haut und bei Akne. Pflegemittel mit Auszügen aus den Salbeiblättern regulieren die Tätigkeit der Talgdrüsen, sie wirken entzündungshemmend, klärend und reinigend auf die Haut. Der Salbei ist daher zur innerlichen und zur äußerlichen Behandlung der unreinen Haut bestens zu empfehlen.

SALBEI-TINKTUR *(Tinctura Salviae)* Die Salbei-Tinktur – der alkoholische Auszug aus den Salbeiblättern – wird vor allem in Gesichtswässern zur Behandlung von unreiner Haut gebraucht. Auch in Kopfwasser bei fetter, schuppiger und schorfiger Kopfhaut ist sie vorzüglich geeignet. Die Tinktur bekommt man in der Apotheke. So wird sie selbst gemacht:

Zutaten
5 g Salbeiblätter · 100 g Alkohol (70 %)

Die getrockneten Salbeiblätter in der Hand zerreiben und in ein dunkles Apothekerglas mit breiter Öffnung geben. Mit dem Alkohol übergießen und gut verschlossen zwei Wochen an einen warmen Platz im Haus stellen. Dann durch ein Küchensieb abseihen und anschließend durch den Kaffeefilter klarfiltern. In dunkler Flasche vor Licht geschützt aufbewahren.

SANDELHOLZ *(Lignum Santali rubri)* Rotes Sandelholz wird vom westindischen und westaustralischen Roten Sandelholzbaum gewonnen. Hauptsächlich wird das Holz in der Färberei und in der Seifenindustrie verarbeitet. Die kleingeschnittenen roten Sandelholzteilchen bekommt man in der Apotheke. In Wasser gelöst, gibt das Sandelholz eine hübsche rote Farbe ab, mit der man das Haar spülen kann.

SANDELHOLZÖL *(Oleum Santali)* Durch Wasserdampfdestillation wird das ätherische Sandelholzöl aus dem in Ostindien beheimateten Weißen Sandelholzbaum *(Santalum album)* gewonnen. Das köstlich duftende Sandelholzöl wird vor allem in der Parfümerie verarbeitet, in Sandelholzparfüm und Sandelholzseife. Wegen seiner leicht desinfizierenden, antiseptischen Wirkung nimmt man das ätherische Öl gerne zur Parfümierung von Lotionen, Badezusätzen und Körperpflegemitteln.

SCHLÄMMKREIDE *(Calcium Carbonicum)* Die feingeschlämmte Naturkreide hat in der kosmetischen Anwendung leicht abschilfernde Wirkung. Aus diesem Grund verwendet man sie vor allem für Zahncremes und Zahnpulver.

SCHMIERSEIFE, WEISSE *(Sapo kalinus albus)* Die weiße Schmierseife erhält man in Apotheken unter der lateinischen Bezeichnung *Sapo kalinus albus* oder unter Silberseife. Schmierseife wird – im Gegensatz zur normalen Seifenherstellung – ohne das sogenannte Aussalzen gewonnen. Man bekommt die mehrfach gereinigte, silbrig schimmernde Schmierseife in Form einer zähen Paste. Die weiße Schmierseife kommt in Haarshampoos zum Einsatz.

SENFSAMEN *(Semen Sinapis pulv.)* Die Schärfe des Senfs entsteht durch das ätherische Öl der Senfsamen, das im Samen oder im trocken gemahlenen Pulver nicht zu spüren ist, sondern sich erst entwickelt, wenn der zerstoßene Samen mit Wasser in Verbindung kommt. Ein im Senf enthaltenes Enzym läßt dann das ebenfalls vorhandene Glykosid im Wasser reagieren. Das traditionelle englische Senfpulver besteht aus feingemahlenem schwarzen Nigra-Senf, dem etwas gelber Alba-Senf und ein wenig Weizenmehl zugesetzt sind. Senfsamenpulver bekommt man in Kräuterhandlungen und in Feinkostläden. Abgesehen davon, daß sich mit Senfsamen der beste Senf selbst herstellen läßt, verwendet man die pulverisierten Senfsamen für die Herstellung des traditionellen ›Viktorianischen Senfbades‹. Hierzu gibt man eine Tasse Senfsamenpulver in die trockene Badewanne und läßt heißes Wasser einlaufen. Das Pulver löst sich im Wasser auf. Das heiße Senfbad gilt als eines der klassischen Mittel gegen beginnende Erkältungskrankheiten.

SESAMÖL *(Oleum Sesami)* Die Sesampflanze ist eine der ältesten Ölpflanzen; heimisch in Süd- und Südostasien, China, Ostindien, Tansania und Ägypten, wird aus dem im Aussehen der Digitalispflanze ähnlichen Röhrenblütler der Sesamsamen gewonnen. In der Brotfabrikation und für die Herstellung von Süßwaren wird die Sesamsaat gebraucht. Das durch Kaltpressung aus den Samen gewonnene Sesamöl wird in der Naturkosmetik gerne verwendet. Das Öl besitzt ähnliche Eigenschaften wie das Olivenöl. Da es zudem noch natürliche Lichtschutzfaktoren enthält, nimmt man es gerne für die Zubereitung von Sonnencremes und Sonnenölen.

SONNENBLUMENKERNÖL *(Oleum Helianthi semine)* Aus den Samenkernen der in Rußland, Ungarn, China, Indien und in den Mittelmeerländern angebauten Sonnenblumen wird das kaltgepreßte Sonnenblumenöl gewonnen. Man bekommt es bei uns in Naturkostläden oder in der Apotheke.

Das kaltgepreßte Öl ist reich an Vitamin E und als Speiseöl sehr geschätzt. In der Naturkosmetik nimmt man das Sonnenblumenkernöl gern für Sonnenöle und Sonnencremes. Auch in Präparaten zur Behandlung der fetten, unreinen Haut ist das leichtflüssige Sonnenblumenkernöl geeignet, ebenso für Haarpackungen und ölhaltige Badezusätze.

SPITZWEGERICH *(Folia Plantaginis lanceolatae)* Bei uns ist der Spitzwegerich mehr als lästiges Unkraut und weniger als alte Heilpflanze bekannt. Auch sein Bruder, der Breitwegerich, wird eher mit Unkrautvertilgungsmitteln verfolgt statt gesammelt. Die heilende Wirkung des Spitzwegerichs beruht vor allem auf seinem Gehalt an tanninähnlichen Substanzen, an ätherischem Öl, Chlorophyll, Schleimstoffen, Vitamin A und C, Eisen, Kalk und einem Lab-Enzym. Bei äußerlicher Anwendung wirken die Auszüge aus dem Spitzwegerich zusammenziehend, entzündungshemmend und antiseptisch. In der kosmetischen Pflege eignen sie sich ideal zur Behandlung der unreinen und fetten Haut und der Akne-Haut.

SPITZWEGERICH-TINKTUR *(Tinctura Plantaginis lanceolatae)* Den alkoholischen Auszug aus den Spitzwegerichblättern – die Spitzwegerich-Tinktur – erhält man in der Apotheke. Die Tinktur ist ein wirkungsvolles Ingrediens in Lotionen zur Behandlung von unreiner und fetter Haut. Selbst stellt man die Tinktur so her:

Zutaten

5 g getrocknete Spitzwegerichblätter · 100 g Alkohol (70 %)

Die getrockneten Spitzwegerich- oder Breitwegerichblätter gibt man in ein dunkles Glas mit breiter Öffnung und übergießt sie mit dem Alkohol. Etwa zwei Wochen bleibt die Mischung an einem warmen Platz im Haus stehen. Dann seiht man die Tinktur ab, drückt die Blätter gut aus und filtert die Flüssigkeit anschließend durch Kaffeefilterpapier klar. Dunkel und lichtgeschützt aufbewahren.

TALKUM *(Talcum albiss. pulv.)*   Talkum, auch Federweiß oder Speckstein genannt, ist ein mineralisches Produkt. Feinstes Talkum muß reinweiß und glimmerfrei sein. Es ist der Hauptbestandteil von Wund-, Heil- und Körperpudern. Talkum wirkt vor allem entzündungshemmend und austrocknend und überzieht die Haut mit einer anhaftenden Schicht.

THYMIAN *(Herba Thymi)*   Auch in unseren Gärten ist der aus den Mittelmeer- und den Balkanländern stammende Thymian heimisch geworden. Wild wachsenden Thymian nennt man bei uns Feldthymian oder Quendel. Der winterfeste Quendel ist als Heilpflanze dem Echten Thymian ebenbürtig, da er in ebenso reichlichem Maß kostbares ätherisches Öl enthält. Auch als Küchengewürz ist der Quendel wegen seines aromatischen Geschmacks wie der Thymian zu verwenden. Mit viel frischem Thymian sollte man Speisen würzen, wenn man eine fette, eine unreine oder eine Akne-Haut hat.

Die antiseptischen Eigenschaften des in der Pflanze enthaltenen Thymianöls spielen bei innerer und äußerer Anwendung eine klärende Rolle und sorgen auf natürliche Weise für reine Haut.

THYMIAN-ÖLAUSZUG Der Thymian-Ölauszug – nicht zu verwechseln mit dem ätherischen *Thymianöl* – wird in Hautcremes für unreine, fette und Akne-Haut eingearbeitet.

Zutaten

5 g Thymiankraut · 100 g Olivenöl

Das aromatisch duftende, getrocknete Thymiankraut in ein dunkles Apothekerglas mit breiter Öffnung geben und es mit dem angewärmten Öl übergießen. Das gut verschlossene Glas zwei Wochen an einem warmen Platz im Haus stehen lassen. Dann seihen Sie das duftende Öl ab und drücken die Pflanzenrückstände gut aus. Durch ein feinmaschiges Mulltuch klarfiltern und in der dunklen Apothekerflasche aufbewahren.

THYMIANÖL *(Oleum Thymi)* Die antiseptischen Eigenschaften des in der Pflanze enthaltenen ätherischen Öls eignen sich ideal für die Behandlung von fetter und unreiner Haut. Das im Thymianöl enthaltene Thymol, das in minimaler Dosis als Medikament vom Arzt verordnet werden kann, hat allerdings zwei Gesichter: In geringer Menge eingenommen, wirkt es gärungswidrig und krampfstillend, in mittlerer Dosis wirkt es schmerzbetäubend, während schon eine Gabe von etwa 6 Gramm giftig ist.

Es ist auch erwiesen, daß nicht jeder das aus der Pflanze gewonnene ätherische Thymianöl reizlos in Kosmetika verträgt. Hier gilt wieder einmal die Regel, daß Stoffe von großer Wirksamkeit auch reizende Stoffe sein können, während parallel dazu Stoffe von minderer Wirksamkeit kaum hautreizende Stoffe sein können – und so ist es ratsam, die mit Thymianöl parfümierten Kosmetika zunächst einmal auszuprobieren. Man kann sie zu diesem Zweck in kleinen Mengen herstellen.

TITANOXYD *(Titanium dioxydatum)* Titanoxyd erhält man beim Apotheker in Form eines feinen weißen Pulvers. Man verwendet es als reizlos verträgliches Deckmittel, das die Deckkraft von *Zinkoxyd* um 100 Prozent übertrifft. Es dient meist als Zusatz von Schminken, Pudern und Emulsionen; wegen seiner entzündungshemmenden Wirkung setzt man es gerne hochwertigen Körperpudern zu.

TRAGANT *(Tragacantha albiss. pulv.)* Die Bezeichnung Tragant ist griechisch und bedeutet Bocksdorn, eine Pflanze, die eine schleim- und gummiartige Flüssigkeit absondert. In der Apotheke erhält man Tragant in Form eines weißlichen Pulvers, das durch Beifügung von warmem Wasser quillt und sich zu einem zähen Brei verdickt. Um gute Tragantschleime herzustellen, muß man einige wichtige Voraussetzungen beachten. Das trockene Pulver wird stets mit *Glycerin* angerieben, bevor es mit lauwarmem Wasser in Berührung kommt. Das warme Wasser wird portionsweise zugefügt. Der so vorbereitete Schleim braucht einige Zeit, um richtig aufzuquellen. Tragantschleim wird in der Kosmetikherstellung als Gleitmittel eingesetzt. In der Naturkosmetik verwende ich ihn nicht, da er mit *Glycerin* angerieben werden muß und relativ rasch verderblich ist. Ganz ideal geeignet ist der Tragantschleim als Klebemittel für allerlei duftendes Zubehör wie Peau d'Espagne oder Cassolette. Bei der Herstellung dieses Duftzubehörs wird der Tragantschleim sehr stark parfümiert, wodurch er konserviert und gut haltbar gemacht wird.

TRAUBENKERNÖL In den Apotheken erhält man Traubenkernöl auch unter der Bezeichnung Weinkernöl, unter der lateinischen Bezeichnung wird es in den Lieferlisten nicht geführt. Aus den Samen des Weinstocks *(Vitis vinifera)* werden nach dem Trennen der Traubenkerne von den Trestern die Kerne kalt gepreßt. Die erste Pressung ergibt ein goldgelbes Öl, die zweite Pressung ein minderwertiges braungelbes Öl. Das kaltgepreßte Öl schmeckt süß und ist reich an ungesättigten Fettsäuren. Als Speiseöl wird es viel verwendet; da es angenehm dünnflüssig ist, kann man es für verschiedene kosmetische Mittel gut zum Einsatz bringen.

TWEEN 80 Tween 80 ist ein Derivat der Sorbitanester hochmolekularer Fettsäuren von ölig-flüssiger, sirupartiger Konsistenz. Unter der Handelsbezeichnung Tween 80 gibt es das Produkt in jeder Apotheke, wo es für die Zubereitung medizinischer Salben verwendet wird. Tween 80 ist ein hautfreundlicher Emulgator. Die Zugabe von Tween 80 zu Fetten und Ölen macht die von Natur aus wasserabstoßenden Stoffe hydrophil, das heißt wasseraufnahmefähig. Als Zusatz in hydrophilen Reinigungsmitteln oder auch in Badeölen ist Tween 80 gut zu verwenden.

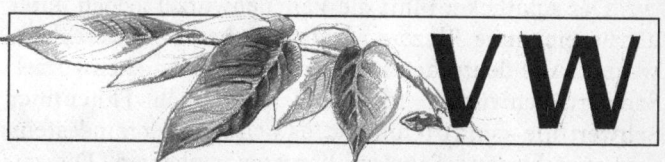

VASELINE *(Vaselinum album)* Die weiße Vaseline ist eine zäh-salbenartige, sich fettig anfühlende, weiche Masse, die völlig geruchlos ist. Vaseline wird bei der Erdölgewinnung durch Destillation erzeugt und findet zur Herstellung industriell gefertigter pharmazeutischer oder kosmetischer Präparate vielseitige Verwendung. In der Naturkosmetik kommt Vaseline nur sehr begrenzt zum Einsatz, denn zur Bereitung biologisch wirksamer Cremes ist Vaseline nicht geeignet. Da sie als körperfremdes Fett nicht von der Haut resorbiert werden kann, das heißt als ›Fettschicht‹ auf der Haut stehen bleibt, kann man Vaseline in der Naturkosmetik nur ganz gezielt anwenden, etwa zur Herstellung wasserabstoßender Handschutzsalben oder Schminken.

VASELINÖL *(Oleum Vaselini album)* Das weiße Vaselinöl ist ein dickflüssiges, farbloses Mineralöl. Ebenso wie die Vaseline gehört auch das Öl nicht zu den hautpflegenden Fetten und Ölen, sondern wird zweckgebunden in wasserabstoßenden Schutzsalben, Melkcremes oder Reinigungsmitteln verwendet.

VEILCHENÖL SYNTH. *(Oleum Violae artific.)* Das synthetisch oder halbsynthetisch hergestellte Veilchenöl ist ein kunstvoller Nachbau des echten Veilchenblütenduftes. Das ätherische Öl eignet sich zur Parfümierung von Badeölen, Badesalzen, Sachets, Riechsalzfläschchen und Duftkerzen. Sein intensiv süßer Duft, der die Geruchsnerven rasch zu ermüden vermag, ist gut zu ergänzen mit dem Duft von Zitrone, Ylang-Ylang, Zimt oder Orangenblüte.

VEILCHENWURZEL *(Rhizoma Iridis)* Lateinisch heißt die Wurzel des Wohlriechenden Veilchens *Radix Violae odoratae.* Der Apotheker führt die Veilchenwurzel jedoch unter der Bezeichnung *Rhizoma Iridis,* das heißt Schwertlilienwurzel. Alle deutschen Bezeichnungen – Veilchenwurzel, Schwertlilienwurzel, Iriswurzel oder auch Florentiner Schwertlilie – sind irreführend, da sich dahinter mindestens drei verschiedene Schwertlilienarten verbergen. Die getrockneten Wurzelstöcke der *Rhizoma Iridis* zeichnen sich durch ihren angenehmen, veilchenartigen Duft aus. Die pulverisierten Veilchenwurzeln dienen als Zutat in Körperpudern und Zahnpulvern oder als duftfixierende Puderbasis in der Parfümerie, beispielsweise bei der Zusammenstellung von Sachets.

VETIVERÖL *(Oleum Vetiver)* Das Vetiveröl wird durch Wasserdampfdestillation aus den Wurzeln des Vetivergrases gewonnen. Den würzig-herben Duft des Vetiver schätzt man vor allem in der Seifenherstellung und in der Parfümerie. Der Duft verträgt sich gut mit Sandelholz und Patchouli; in Bädern und Gesichtswässern sowie in Körperpflegemitteln mit der Duftnote ›herb‹ kann man das ätherische Öl gut einsetzen.

WACHOLDERHOLZÖL *(Oleum Juniperi e Ligno)* Der Wacholderbaum gehört zu den Zypressengewächsen, und die würzig duftenden Wacholderbeeren zählen ebenso wie die Zweige zu den heilkräftigen Pflanzenteilen. Aus den Früchten wie auch aus den Ästen wird ätherisches Öl gewonnen, so daß man beim Einkauf in der Apotheke unbedingt *Wacholderholzöl* verlangen muß, um nicht *Wacholderbeerenöl* zu bekommen, das leicht hautreizend wirken kann. Das farblose Wacholderholzöl hat einen erfrischenden Zypressenduft und eignet sich zur Parfümierung von Badezusätzen, von Duftkerzen und Sachets. In schwacher Dosierung kann man das intensiv duftende Öl auch in Rasierwässern einsetzen.

WALNUSSBLÄTTER *(Folia Juglandis)* In Wasser gelöst, geben die Walnußblätter eine schöne dunkelbraune Farbe ab. Mit dem Walnußblätter-Aufguß kann man das Haar spülen, er gibt braunem Haar eine sanfte Farbauffrischung. In alten Arzneibüchern wurde die Walnußblätter-Abkochung für die Behandlung von Hautgeschwüren empfohlen, denn die Walnußblätter gehören seit alters zu den geschätzten Heilpflanzen. Kräuterbädern mit dem Zusatz von Walnußblättern sprach man heilende und adstringierende Wirkung bei unreiner Haut zu. Aus Walnußblättern zubereiteter Tee galt als bewährtes Heilmittel gegen Zahnfleischentzündung. So kann man auch die Haarspülung mit dem Walnußblätter-Aufguß zur Regeneration und zur Pflege schuppender und schnellfettender Kopfhaut bei dunklem Haar anwenden.

WALNUSS-SCHALEN *(Cortex Juglandis Nuctum)* Auch die Walnußschalen gehören zu den altbewährten Heilpflanzen. In der Signaturenlehre heißt es, die Walnuß repräsentiere den Kopf des Menschen, und alle Teile in ihr einzelne Teile des menschlichen Kopfes. Für die kosmetische Anwendung interessiert vor allem das intensive Braun, das die Schalen in Verbindung mit Wasser abgeben. Braunfärbende Walnußschalen werden zum Anfärben kosmetischer Mittel, als Stoff- und als Haarfarbe verwendet. Aus den Schalen kann man eine Abkochung bereiten und damit das Haar spülen. Die pulverisierten Schalen werden mit heißem Wasser zu einem streichfähigen Brei verrührt, der auf das Haar aufgetragen wird. Zur Differenzierung der Farbe läßt sich pulverisierte Walnußschale mit rotfärbendem Hennapulver oder mit Katechupulver vermischen.

WALNUSS-SCHALENÖL *(Oleum Juglandis e Cortic. Nuc.)* Sowohl die Schale wie auch die Walnuß sind reich an fettem Öl. Das farblose Walnußschalenöl verwendet man vor allem für die Haarpflege. In Haarmayonnaisen oder Packungen mit erwärmtem Öl ist es ungemein wirksam bei trockenem Haar, trockenen Haarspitzen und gegen Schuppen.

WEISSDORNBLÜTEN *(Flores Crataegi)*   Am Geruch und am Aussehen von Heilkräutern können wir oft schon erraten, welche Wirkung sie auf den Organismus ausüben. Denken wir an den balsamisch duftenden Rosmarin, dann spürt man seine belebende Würze; mit dem zarten Wohlgeruch von Rosen erfährt man ihre beruhigende Kraft, und schon allein der Geruch frischer Pfefferminze hat eine belebende Wirkung. Beim Weißdorn ist man betört von der milden Süße des Duftes, von der Zartheit der schneeweißen Blüten, und dieser besänftigende Eindruck auf unsere Sinne ist auch das Merkmal für die Heilwirkung der Pflanze. Besänftigend, beruhigend und stärkend wirken die Auszüge aus Weißdornblüten in naturkosmetischen Mitteln auf die Haut ein. Eine Handvoll Weißdornblüten im Gesichtsdampfbad beruhigen nervöse und trockene Haut; ein Bad mit Weißdornblütenblättern beruhigt die Nerven und gilt als ideales Bad gegen Streß und Aufregung. In Obstessig mazerierte und abgefilterte Weißdornblüten verwendet man für Körperabreibungen oder zur Weiterverarbeitung in Gesichtswässern.

WEISSES WACHS *(Cera flava alba)*   Naturreines Bienenwachs wird durch Einschmelzen der entleerten Bienenwaben gewonnen. Nach der Reinigung ist naturreines Bienenwachs bräunlich-gelb; durch Luft und Sonne gebleichtes Bienenwachs wird weiß. Weißes Wachs ist härter als naturgelbes Wachs, an den Bruchstellen nicht körnig, sondern glänzend, hat nur geringen Wachs-Honig-Geruch und kommt meistens in runden Tafeln in den Handel. Man verwendet weißes Wachs, um Hautcremes eine schöne weiße Farbe zu geben, jedoch ist wegen seiner guten Emulgierungsfähigkeit und besseren Haltbarkeit das naturgelbe Bienenwachs vorzuziehen.

WEIZENKEIMÖL *(Oleum Tritici)* Das Weizenkeimöl wird durch Auspressen oder durch Extraktion aus Weizenkörnern als Nebenprodukt beim Mahlen des Weizens gewonnen. Das dünnflüssige, goldgelbe, angenehm nach Getreide duftende Öl enthält hochwertiges Pflanzenlezithin und größere Mengen ungesättigter Fettsäuren. Wegen seines hohen Gehalts an Vitamin E gilt das kaltgepreßte Weizenkeimöl als hochwertiges Speiseöl. Auch in der Kosmetik zählt es zu den hochwertigen Ölen und läßt sich vielseitig verarbeiten, sei es in Hautcremes oder in Hautfunktionsölen. Es wirkt vor allem glättend auf die Haut, und auch gegen Hautkrankheiten hat es sich vorzüglich bewährt.

WEIZENKLEIE *(Furfur Tritici)* Die Weizenkleie ist ein Abfallprodukt bei der Weißmehlgewinnung und, ernährungsphysiologisch gesehen, wertvoller als das weiße Industriemehl. Die Weizenkleie besitzt eine Reihe heilender und lindernder Eigenschaften. Die täglichen Gesichtswaschungen mit Weizenkleie sind sehr wirksam bei der Behandlung von fetter, unreiner und Akne-Haut. Man gibt eine Handvoll Weizenkleie in eine Schüssel mit warmem Wasser und massiert sanft das Gesicht und den Hals damit ab.

Zu Großmutters Zeiten hing fast in jeder Badewanne ein Säckchen Weizenkleie. Dem Kleiebad sprach man eine ganze Reihe guter Wirkungen zu – es reinigt, erfrischt, ist gut gegen harmlose Hautentzündungen, es macht die Haut zart und weich. Auch für das Babybad ist Kleie gut geeignet und für zarte Babyhaut sicher wesentlich bekömmlicher als ›Babyschaumbad‹ auf Detergentienbasis.

WOLLWACHSALKOHOLE *(Alcoholes Lanae)* Das Lanolin ist eine komplexe Mischung mehrerer chemischer Verbindungen, aus denen sich Bestandteile abtrennen lassen. Die Wollwachsalkohole, auch Wollfettalkohole, sind ein derartiger Bestandteil. Sie finden sich zu 50 Prozent im Lanolin und sind als geraspeltes gelbes Wachs in der Apotheke erhältlich. Durch ihren hohen Gehalt an Cholesterin, Dihydrocholesterin, Lanosterin, Agnosterin und Cerylalkohol stellen die Alkohole des Lanolins dessen emulgierendes Prinzip dar. Daher sind die hydrophilen und emulgierenden Eigenschaften noch stärker ausgeprägt als beim Lanolin.

YLANG-YLANG-ÖL *(Oleum Ylang-Ylang)* Das ätherische Ylang-Ylang-Öl wird durch Wasserdampfdestillation aus der Blüte des Ylang-Ylang-Baumes, *Cananga odorata*, gewonnen und ist auch unter der Bezeichnung *Canangaöl* im Handel. Das intensiv blumig duftende Öl wird vor allem in der Parfümerie und bei der Seifenherstellung verwendet. Ylang-Ylang wird stets in sehr schwacher Dosierung verwendet, da es sehr ergiebig und intensiv ist. Wenn man keine Empfindlichkeit gegenüber Ylang-Ylang-Öl hat, kann man es in schwacher Dosierung Hautpflegemitteln, Körperpflegemitteln und Badezusätzen beifügen. Für die Parfümierung von Sachets, Potpourris und Duftkissen ist es wegen seiner Ergiebigkeit gut geeignet.

ZIMTÖL *(Oleum Cinnamomi)* Das würzig duftende Zimtöl wird aus den Blättern und Zweigen des Zimtbaums gewonnen; Haupterzeugerländer sind China und Ceylon; chinesisches Zimtöl nennt man auch Kassiaöl. Der alkoholische Auszug aus Zimt und die pulverisierte Zimtrinde werden als Zusatz zu Räuchermitteln verwendet. In geringer Dosierung wirkt sich Zimtöl bei der Parfümierung von Körperpflegemitteln oder herb duftenden Rasierwässern günstig aus, in hoher Dosierung wirkt es unangenehm und kann auch hautreizend sein. In Verbindung mit ergänzenden Duftnoten paßt es gut ins Potpourri, in Sachets und in Duftkerzen.

ZINKOXYD *(Zincum oxydatum)* Das weiße Pulver ist der wirksame Bestandteil der *Zinkpaste.* Wegen seiner entzündungshemmenden und stark adstringierenden Wirkung wird Zinkoxyd vor allem in deodorierenden Körperpudern verwendet.

ZINKPASTE *(Pasta Zinci)* Zinksalbe und Zinkpaste werden vor allem als Heilsalben gegen Hautleiden verwendet. Bei der Herstellung der Zinksalbe wird einer indifferenten Salbengrundlage das weiße, pulvrige Zinkoxyd zugesetzt, das entzündungshemmend, adstringierend und kühlend wirkt. In der Apotheke gibt es neben der normalen Zinksalbe auch eine etwas weichere, leichter verstreichbare Mischung, die weiche Zinksalbe, die man unter der lateinischen Bezeichnung *Pasta Zinci mollis* kaufen kann.

ZINNKRAUT *(Herba Equiseti)* Auch unter der Bezeichnung Schachtelhalm, Ackerschachtelhalm oder Zinngras ist das Zinnkraut bei uns bekannt. Das Zinnkraut zählt zu den kieselsäurereichsten Pflanzen. Äußerlich angewendet, bewirken die wäßrigen und die alkoholischen Auszüge von Zinnkraut eine Festigung des Bindegewebes; sie sorgen für vermehrte Durchblutung der Haut und haben zusammenziehende und porenverengende Eigenschaften. Auch bei entzündlicher Haut, bei Akne und bei unreiner Haut kann man die Auszüge aus Zinnkraut gut einsetzen.

ZINNKRAUT-TINKTUR *(Tinctura Equiseti)* Der alkoholische Auszug aus Zinnkrautblättern – die Zinnkraut-Tinktur – dient vor allem als Ingrediens für Gesichtswässer bei unreiner Haut. Fertig gibt es die Tinktur in der Apotheke. Selbst stellt man sie folgendermaßen her:

Zutaten
5 g Zinnkraut · 100 g Alkohol (70 %)

Zerreiben Sie die nadelförmigen Blätter ein wenig in der Hand und geben Sie sie in ein dunkles Glas mit breiter Öffnung. Mit dem Alkohol übergießen und gut verschlossen in der Sonne oder an einem warmen Platz im Haus stehen lassen. Nach zwei Wochen seihen Sie die Tinktur ab und filtern sie durch Kaffeefilterpapier klar. Gut verschlossen und lichtgeschützt aufbewahren.

ZITRONENÖL *(Oleum Citri)* Das Zitronenöl wird aus Zitronenschalen gewonnen; es ist ein gelbes Öl von sehr erfrischendem Duft. Da es empfindlich gegen Licht und Luft ist, muß man es gut verschlossen und lichtgeschützt aufbewahren. Wegen seines belebenden, aromatischen Dufts und seiner guten Verträglichkeit wird das ätherische Öl gerne zur Parfümierung von Körperpflegemitteln und Bädern verwendet.

ZYPRESSENÖL *(Oleum Cupressi)* Das intensiv duftende Zypressenöl wird aus den Nadeln verschiedener Zypressenarten gewonnen. Unter der Duftnote ›Chypre‹ ist das ätherische Öl in der Seifen- und Parfümerieherstellung bekannt. Das intensiv duftende Öl wird nur in sparsamer Dosierung in Kosmetika verwendet, etwa in Rasierwässern, in Körperpflegemitteln und in Badezusätzen. Auch für die Parfümierung von Duftkerzen und Sachets ist das Zypressenöl gut geeignet.

TEIL III

REZEPTTEIL

GESICHTSDAMPFBÄDER, GESICHTSMASKEN UND -PACKUNGEN

Das Gesichtsdampfbad

Die gründliche Reinigung der Haut ist unumgänglich für die Klärung des Hautbildes, aber die Reinheit der Haut wird nicht allein durch sorgfältiges Waschen erreicht. Unreine, verstopfte Poren kann man nicht nur mit Reinigungsmitteln behandeln. Nur die feuchte Wärme des Gesichtsdampfbades kann die Poren öffnen und den Talgabfluß erleichtern.

Was die Haut während des wohltuenden Gesichtsdampfbades alles herausschwitzt, wird man sehen, wenn man nachher mit einem Papiertüchlein das dampfnasse Gesicht abtupft. Selbst bei vorausgegangener Hautwäsche wird sich das Papiertüchlein noch dunkel färben.

Einmal in der Woche sollte man dem Gesicht ein Dampfbad gönnen, weil nur die regelmäßige Anwendung zu einer wirklichen Verbesserung der Haut führen kann. Hauptbestandteil des Gesichtsdampfbades sind bestimmte Heilkräuter, die im warmen Dampf ihre spezifische Wirkung entfalten. Die klärende Wirkung der Heilkräuter reinigt nicht nur die Poren; das Dampfbad regt auch die Hautdurchblutung und das Atmungssystem an. So verbinden sich mit dem Gesichtsdampfbad auch heilwirksame Effekte für die Kieferhöhlen, für den Hals-, Nasen- und Rachenraum und für die Lungen. In der Aromatherapie setzt man die Gesichtsdampfbäder mit dem Zusatz von duftenden Heilkräutern und Parfümölen für ganz bestimmte therapeutische Zwecke ein und nutzt damit die beruhigenden oder die belebenden und anregenden Wirkungen der Duftstoffe auf den gesamten Organismus.

So wird das Gesichtsdampfbad vorbereitet

* Zuerst suchen Sie unter den Kräuterzusätzen die Heilpflanze aus, die sich für Ihren Hauttyp und zur Bekämpfung bestimmter Hautprobleme am besten eignet. Die Heilkräuter erhält man in Naturkostläden oder in Apotheken und Kräuterhandlungen.

* Eine Handvoll getrockneter Kräuter übergießt man mit 1 Liter kochendem Wasser. Keinesfalls dürfen die Kräuter gekocht werden, da sie dadurch an Heilkraft verlieren.

* Nun beugen Sie sich mit dem Gesicht tief über den dampfenden Topf und breiten ein Frotteehandtuch wie ein schützendes Zelt über den Kopf, damit kein Dampf entweicht. Unter diesem Zelt schwitzt man die angegebene

Zeit. Wenn das Dampfbad währenddessen abkühlt, erhitzt man es nochmals kurz, aber achtet darauf, daß es nicht zum Kochen kommt.

* Je nach der Beschaffenheit Ihrer Haut bestimmen Sie selbst den Hitzegrad und die Zeitdauer für das Gesichtsdampfbad:
Normale Haut: etwa fünf Minuten – heiß.
Trockene Haut: zwei bis drei Minuten – feuchtwarm.
Fette und unreine Haut: etwa acht bis zehn Minuten – heiß.
Mischhaut: etwa drei bis fünf Minuten – feuchtwarm.
Alternde Haut: je nach Hautbeschaffenheit feuchtwarm bis heiß, mit der oben angegebenen Zeitdauer.

* Nach dem Gesichtsdampfbad tupft man zuerst das Gesicht mit einem weichen Papiertüchlein ab. Nun sollte die Haut erfrischt werden: Bei unempfindlicher Haut spritzt man das Gesicht mit kaltem Wasser ab, bei trockener Haut, bei Mischhaut oder alternder Haut nimmt man lauwarmes Wasser, Milch oder ein entsprechendes Gesichtswasser zur Erfrischung und Nachreinigung.

* Nach dem Gesichtsdampfbad sind die Poren geöffnet und rein, und die Haut ist ideal vorbereitet für eine Gesichtsmaske oder Packung.

Kräuterzusätze für das Gesichtsdampfbad

ARNIKA   Arnika ist in erster Linie ein heilsames Wundkraut; Sie nutzen seine heilenden Wirkungen, indem Sie dem Gesichtsdampfbad eine Handvoll getrockneter Arnikablüten zusetzen, wenn Sie unter unreiner, fetter oder Akne-Haut zu leiden haben.

BORRETSCH   Bei innerlicher wie auch bei äußerlicher Anwendung wirken die Borretschblätter stark schweißtreibend; als Zusatz zum Gesichtsdampfbad oder als Kompresse mit dem Aufguß der Borretschblätter günstig für welke, müde und schlecht durchblutete Haut.

FENCHEL Die heilende Wirkung des Fenchels ist uns vor allem aus Hustenmitteln bekannt. Der Zusatz von Fenchel im Dampfbad hilft nicht nur, verstopfte Atemwege zu klären, er wirkt auch durch seinen hohen Ölgehalt wunderbar glättend und schonend bei trockener und spröder Haut. Wenn Sie Fenchelöl im Haus haben, geben Sie einen Tropfen dazu, das intensiviert die Wirkung und ist auch ein hilfreiches Rezept bei Erkältungskrankheiten.

HUFLATTICH Die Blüten und Blätter des Huflattichs gehören zu den besten Pflegemitteln bei unreiner Haut. Sie enthalten pflanzlichen Schleim, Gerbstoff, Kalzium und Schwefel. Während die Gerbstoffe zusammenziehend wirken, dienen die Schleimstoffe als Schutz für die zu Entzündungen neigende Haut.

JOHANNISKRAUT Die heilenden Kräfte des Johanniskrauts wirken in Dampfbädern – oder auch in Kompressen – reinigend, klärend, erfrischend und belebend. Sie werden von der fetten, unreinen Haut ebenso vertragen wie von der leicht entzündlichen Mischhaut.

KAMILLENBLÜTEN Die Kamillenblüten sind reich an schönheitsfördernden Wirkstoffen: Ätherisches Öl, Harz, Gummi, Wachs, Fett, organische Säuren und das kostbare Kamillenöl Chamazulen sind in den Blüten enthalten. Für Gesichtsdampfbäder, auch für Kompressen und Umschläge, sind die Kamillenblüten wunderbar geeignet. Kamille klärt, reinigt, beruhigt und wirkt entzündungshemmend. Besonders wirkungsvoll ist das Kamillendampfbad bei unreiner, bei fetter und bei Akne-Haut, aber auch von trockener und müder Haut wird es gut vertragen und entfaltet seine klärenden Wirkungen.

KLETTENWURZEL Als Pflegemittel für Haar und Kopfhaut ist die Klettenwurzel allgemein bekannt. Im Gesichtsdampfbad kommt die Heilwirkung der Klettenwurzel für unreine, leicht entzündliche und für Akne-Haut zum Einsatz. Bei nässenden Flechten, Entzündungen und zur Abheilung von Ekzemen nimmt man in der Naturheilkunde den Klettenwurzeltee als heilendes Teilbad.

LAVENDELBLÜTEN So erfrischend und belebend wie ihr Duft ist auch ihre Wirkung auf die Haut und auf die Atmungsorgane. Bei müder, nervöser und trockener Haut kann man die Lavendelblüten im Gesichtsdampfbad empfehlen. Zur Steigerung der Wirkung kann man dem Gesichtsdampfbad noch einen Tropfen Lavendelblütenöl zusetzen.

LINDENBLÜTEN Die Heilkraft der Lindenblüten steht seit alters in hohem Ansehen. Die schweißtreibende Kraft der Lindenblüten läßt sich innerlich wie äußerlich nutzen. Das Gesichtsdampfbad mit Lindenblüten entschlackt die Haut und reinigt sie gründlich von schädlichen Giftstoffen. Als reinigender und heilender Zusatz sind die Lindenblüten für jede Haut geeignet.

MELISSE Die würzig nach Zitronen duftende Melisse enthält vor allem Mineralsalze, Gerbstoffe und ätherisches Öl. Am bekanntesten wurde die Melisse durch den ›Melissengeist‹, der vom Orden der Barfüßigen Karmeliter seit 1611 als geheimes Wundermittel gegen alle Arten von Leiden hergestellt wird. Als Kräuterzusatz wirkt die Melisse im Gesichtsdampfbad erfrischend und entkrampfend bei müder, alternder Haut. Auch gegen Migräne hat sich das Melissen-Gesichtsdampfbad bewährt; es empfiehlt sich, einen Tropfen Melissenöl hinzuzufügen, um die guten Wirkungen zu steigern.

PETERSILIE Seit dem Altertum ist die Petersilie als Gewürz- und Heilpflanze geschätzt. Ihr wohlbekannter Duft und Geschmack rühren von ihrem Gehalt an ätherischem Öl her, außerdem ist die Petersilie reich an Vitamin A und

C. So decken beispielsweise 5 Gramm Petersilie den täglichen Bedarf eines Menschen an Vitamin A, 30 Gramm den an Vitamin C. Im Organismus wirkt die Petersilie regulierend. Als Zusatz zum Gesichtsdampfbad wirkt sie entzündungshemmend, durchblutungssteigernd und beruhigend bei nervöser, überreizter Haut.

PFEFFERMINZE Die Heilwirkung der Pfefferminze beruht vor allem auf dem Pfefferminzöl, das die Pflanze in hohem Maß enthält. Der Zusatz von Pfefferminze im Gesichtsdampfbad wirkt klärend, belebend und adstringierend, vor allem bei fetter, unreiner und großporiger Haut. Wenn Sie das Gesichtsdampfbad parfümieren wollen, geben Sie nur wenige Tropfen Pfefferminzöl dazu, denn in warmem Wasser entfaltet das Pfefferminzöl seinen Duft besonders intensiv.

ROSENBLÜTEN Die Gartenrose ist ein altbewährtes Schönheitsmittel, denn die Blätter, die man in der Vollblüte sammeln sollte, enthalten ätherisches Öl, Fett, Gerbstoffe, Zucker, Zitronen- und Apfelsäure. Wer eine trockene, nervöse Haut hat, sollte sich ›mit Rosen umgeben‹; sei es im Gesichtsdampfbad, als Badezusatz, in Gesichtswässern oder in Hautcremes, die Rosenblüte hilft mit ihrer glättenden und beruhigenden Wirkung.

ROSMARIN Die Rosmarinblätter gehören zu den bewährten Heilkräutern bei großporiger und fetter Haut. Man kann den Rosmarin in jedem sonnigen Garten anpflanzen, denn als Küchengewürz ist er mindestens ebenso gut verwendbar wie als Schönheitsmittel bei äußerlicher Anwendung. Als Zusatz im Gesichtsdampfbad wirkt der Rosmarin porenöffnend und erleichtert den Talgabfluß. Ein Tropfen Rosmarinöl im Gesichtsdampfbad steigert die Wirkung.

SALBEI Der Salbei enthält ätherisches Öl, Kampfer, Gerbstoff, Bitterstoffe und Eiweiß. Gegen unreine Haut hilft der

Salbei sowohl bei äußerlicher wie bei innerlicher Anwendung. Er reinigt, adstringiert, führt den überflüssigen Talg schonend aus der Haut und heilt entzündete Hautstellen.

STIEFMÜTTERCHEN Das Wilde Stiefmütterchen, auch Akkerstiefmütterchen oder Dreifaltigkeitskraut genannt, wird seit der Renaissance als Teeaufguß gegen Hautausschlag und Akne verwendet.

Im Gesichtsdampfbad ist das Stiefmütterchen zur Klärung und Heilung der unreinen, entzündlichen Haut von Nutzen.

THYMIAN Der Thymian ist eine stark antiseptisch wirkende Pflanze, und in einem wohlsortierten Kräutergarten sollte der Thymian nicht fehlen. Das Gesichtsdampfbad mit getrockneten Thymianzweiglein heilt Entzündungen und Unreinheiten der Haut, es öffnet die Poren und reguliert die Tätigkeit der Talgdrüsen.

WEISSDORN Die schneeweißen Blüten des Weißdornstrauchs, der oft mit dem Schlehdorn verwechselt wird, werden vom Volksmund auch als ›Schlafmütze‹ bezeichnet. Als Tee getrunken, wirkt die Weißdornblüte beruhigend und nervenstärkend. Und besänftigend und beruhigend wirkt die Weißdornblüte auch im Gesichtsdampfbad auf trockene, nervöse und alternde Haut.

Geben Sie dem Gesichtsdampfbad mit Weißdornblüten noch 1 Eßlöffel Honig bei; er löst sich im Wasser und entfaltet seine glättende und beruhigende Wirkung auf die Haut.

ZINNKRAUT Die guten Heilwirkungen der blütenlosen Pflanze waren schon im Altertum bekannt, man setzte sie vor allem für Kieselsäuretherapien ein. Das Zinnkraut wirkt zusammenziehend und porenverengend. Bei unreiner Haut, bei Hautflechten und bei Akne-Haut leistet es sehr gute Dienste.

Gesichtsmasken und -packungen
für jeden Hauttyp

Der Unterschied zwischen der Maske und der Packung besteht darin, daß die Packung aus einer luftdurchlässigen Auflage besteht, während die Maske die Haut nach dem Trocknen der Auflage luftundurchlässig abschließen soll. Die Packung wird auf der Haut porös und muß nicht unbedingt naß abgenommen werden; die Maske muß nach einer entsprechenden Einwirkungszeit mit Wasser oder einer feuchtwarmen Kompresse entfernt werden. Den feinen Unterschied zwischen den Bezeichnungen Packung und Maske gebraucht man nur in der deutschen Sprache; im Englischen versteht man unter ›pack‹ sowohl Maske wie Packung, auch im Französischen umfaßt der Begriff ›masque‹ beide Arten der Auflage.

Packungen und Masken sind intensiv wirkende Schönheitsmittel. Mit ihnen kann man schnelle, sichtbar gute Effekte erzielen und bei regelmäßiger Anwendung eine Verbesserung des Hautbildes erreichen. So wirkt die Maske stets stark stimulierend, sie fördert die intensive Durchblutung der Haut, kann tiefenreinigend wirken, straffen, Poren verengen, heilen und glätten. Im Idealfall sind die Anwendungen von Masken und Packungen die beste Ergänzung einer schönheitsbewußten Ernährung und einer wohldurchdachten Hautpflege.

So bereitet man Masken und Packungen vor

* Suchen Sie sich aus den nachfolgenden Rezepten die Packung oder Maske heraus, die sich zur Behandlung Ihrer Haut am besten eignet.

* Tragen Sie Maske oder Packung nie auf das ungereinigte Gesicht auf. Zuerst die Haut gründlich reinigen und anschließend mit Gesichtswasser nachreinigen. Die beste

Wirkung erzielen Sie, wenn Sie vor der Anwendung ein reinigendes Gesichtsdampfbad nehmen. Die Poren sind geöffnet, und die Haut ist gut aufnahmefähig für die jeweilige Auflage. Das Kräutergesichtsdampfbad reinigt nicht nur die Poren, es wirkt sich auch beruhigend auf das Zentralnervensystem aus.

✱ Gönnen Sie sich eine halbe Stunde der Ruhe und Entspannung, während die Maske oder Packung einwirkt. Legen Sie die Beine hoch. Bedecken Sie die Augen mit feuchtwarmen Watte- oder Teebeutelkompressen. Fenchelteebeutel, Kamillen- oder Pfefferminzteebeutel erfrischen und beruhigen die Augen.

<u>Für jede Haut geeignet</u>

Mayonnaise-Packung

Zutaten
1 Eigelb · 2 Eßlöffel süßes Mandelöl
1 Spritzer Zitronensaft

Zubereitung: Das zimmerwarme süße Mandelöl mit dem elektrischen Handrührmixer tropfenweise in das Eigelb einrühren, bis eine feste Mayonnaise entstanden ist. Nun den Zitronensaft unterrühren.

Anwendung und Wirkung: Alles, was die Haut zur Regeneration braucht, ist in dieser hautfreundlichen Mayonnaise-Packung enthalten: Protein, ungesättigte Fettsäuren, emulgiertes Pflanzenöl und, bedingt durch die Beifügung des Zitronensaftes, ideale pH-Werte. Verteilen Sie die Packung über Gesicht, Hals und Dekolleté und lassen Sie sie solange wie möglich einwirken. Überschüssige Reste werden mit einem weichen Papiertüchlein abgenommen. Die Packung wirkt sättigend und glättend auf die Haut und kann beliebig oft angewendet werden.

Eicreme-Packung

Zutaten
1 Ei · 1 Eßlöffel süßes Mandelöl
1 Eßlöffel reiner Bienenhonig

Zubereitung: Das Ei trennen. Mit dem Handrührmixer in das Eigelb tropfenweise das süße Mandelöl einrühren, bis Sie eine Mayonnaise haben. Nun den Bienenhonig und das locker geschlagene Eiweiß dazugeben und weiterrühren, bis die Mischung gut streichfähig ist.

Anwendung und Wirkung: Mit einem breiten Pinsel tragen Sie die Packung auf das gut gereinigte Gesicht und den Hals auf. Nach einer Einwirkungszeit von 30 Minuten mit viel warmem Wasser abwaschen. Diese angenehme Packung macht die Haut weich und glatt, auch für trockene und alternde Haut ist die Anwendung zu empfehlen.

Eigelb-Cremepackung

Zutaten
1 Eigelb · 1½ Kaffeelöffel Basiscreme
1 Spritzer Zitronensaft

Zubereitung: Die Herstellung der Basiscreme finden Sie auf Seite 152. In einer kleinen Schale verrühren Sie zuerst das Eigelb mit etwas Zitronensaft. Dann geben Sie portionsweise so viel Basiscreme hinzu, bis die Mischung gut streichfähig ist.

Anwendung und Wirkung: Eigelb-Cremepackung über Gesicht, Hals und Dekolleté verteilen. Eine Stunde einwirken lassen und dann mit viel warmem Wasser abwaschen. Wenn Sie eine kleine Peeling-Kur mit der Anwendung verbinden wollen, reiben Sie die Packung ganz vorsichtig mit den Fingerspitzen ab, ohne die Haut zu drücken oder zu zerren. Die Packung wirkt glättend, reinigend und erfrischend auf die Haut und kann beliebig oft angewendet werden.

Quark-Packung

Zutaten
1 gehäufter Kaffeelöffel Basiscreme · 1½ Eßlöffel Quark
1 Kaffeelöffel Bienenhonig

Zubereitung: Basiscreme (Seite 152) in eine kleine Schale geben und nun portionsweise Quark und Bienenhonig einrühren. Die Mischung gut streichfähig rühren, was auch von der Festigkeit des verwendeten Quarks abhängt. Eventuell muß man das Rezept ein wenig variieren.

Anwendung und Wirkung: Die Mischung auf Gesicht, Hals und Dekolleté verteilen und eine halbe Stunde einwirken lassen. Mit warmem Wasser abnehmen. Die Packung wirkt reinigend und glättend, wird von jeder Haut gut vertragen und kann beliebig oft angewendet werden.

Aprikosen-Cremepackung

Zutaten
½ geschälte Aprikose · 1 Kaffeelöffel Basiscreme
1 Spritzer Aprikosenkernöl oder Mandelöl

Zubereitung: Das weiche Fruchtfleisch mit einer Gabel zerdrücken. Basiscreme in eine kleine Schale geben, das Fruchtfleisch und das Öl portionsweise einarbeiten und zügig glatt rühren.

Anwendung und Wirkung: Die köstlich duftende Aprikosen-Cremepackung auf Gesicht und Hals auftragen. Aprikosen gelten von jeher als hautglättende Schönheitsmittel. Die Packung kann man beliebig lange einwirken lassen. Sie wirkt ungemein erfrischend, belebend und durchblutend auf die Haut.

Avocado-Packung

Zutaten
½ Avocadofrucht · 1 Eigelb
1 Spritzer Zitronensaft

Zubereitung: Die weiche Avocadofrucht mit der Gabel gründlich zerdrücken und zu einem Brei rühren. Zügig in das Eigelb einrühren und den Spritzer Zitronensaft hinzufügen.

Anwendung und Wirkung: Die Avocado-Packung über Gesicht und Hals verteilen und 20 Minuten einwirken lassen. Mit warmem Wasser abwaschen. Die Avocado-Packung wirkt glättend, sättigend und nährend, vor allem bei trockener, spröder und empfindlicher Haut. Avocado gehört zu den hilfreichsten Mitteln zur Behandlung trockener Haut, deshalb hier noch ein weiteres Rezept mit Avocado.

Avocado-Mayonnaise

Zutaten
1 Eigelb · 2 Eßlöffel Avocadoöl
½ Kaffeelöffel reiner Bienenhonig
1 Spritzer Zitronensaft

Zubereitung: Mit dem elektrischen Handrührmixer rühren Sie zuerst tropfenweise das zimmerwarme Avocadoöl ins Eigelb. Sobald die Mayonnaise dick geworden ist, fügen Sie einen Spritzer Zitronensaft und den Bienenhonig hinzu. Gründlich verrühren.

Anwendung und Wirkung: Mit einem breiten Pinsel wird die Avocado-Mayonnaise über Gesicht und Hals verteilt. Eine halbe Stunde einwirken lassen. Anschließend mit viel warmem Wasser abwaschen. Die Avocado-Mayonnaise ergibt eine herrlich nährende und wohltuende Packung. Sie eignet sich gut zur Regenerierung trockener und alternder Haut.

Transparente Rosen-Maske

Zutaten
1 Handvoll Rosenblütenblätter, frisch oder getrocknet
¼ l Wasser · 1 Kaffeelöffel Agar-Agar-Pulver

Zubereitung: Die Rosenblütenblätter mit dem kochenden Wasser übergießen und eine Stunde durchziehen lassen. Die Flüssigkeit abseihen und etwa 70 g davon zusammen mit dem Agar-Agar-Pulver erwärmen. Den Rest des Rosenwassers aufbewahren. Die erwärmte Mischung vom Feuer nehmen und rühren, bis sie einzudicken beginnt.

Anwendung und Wirkung: Die eingedickte Mischung, sobald sie nicht mehr tropft, mit einem breiten Pinsel auf das gut gereinigte Gesicht und den Hals auftragen. Nach ca. 20 Minuten ist die Maske erstarrt, worauf man sie mit viel warmem Wasser abwäscht. Den Rest des Rosentees als Gesichtswasser verwenden.

Seit Menschengedenken genießen Rosenblütenblätter einen vorzüglichen Ruf als Schönheitsmittel zur Verfeinerung des Teints. So gehört die sanft straffende Rosen-Maske aus mazerierten Rosenblüten zu den Masken, die Ihrer Haut die sprichwörtliche rosige Frische verleihen.

Bananen-Packung

Zutaten
¼ Banane · 1 Kaffeelöffel Basiscreme
1 Spritzer Zitronensaft
1 Spritzer Aprikosenkernöl oder süßes Mandelöl

Zubereitung: Das Bananenfruchtfleisch mit einer Gabel gründlich zerdrücken. Zitronensaft und Aprikosenkernöl unterrühren und dann mit der Basiscreme (Seite 152) vermischen.

Anwendung und Wirkung: Es gibt ein altes mexikanisches Schönheitsrezept, wonach sich die Frauen täglich das Gesicht mit einer zerdrückten Banane abreiben, um die Haut frisch und jugendlich zu erhalten. Das schleimige Fruchtfleisch der Banane ist ein exquisiter Feuchtigkeitsspender und kann bei regelmäßiger Anwendung die Haut sicher vor dem Austrocknen bewahren. Der hohe Gehalt an Vitamin A mag ebenfalls dazu beitragen, die Banane zu einem wertvollen Schönheitsmittel gegen trockene Haut zu machen. Tragen Sie die Packung mit einem breiten Pinsel auf. Beliebig lange einwirken lassen und überschüssige Reste mit einem weichen Papiertüchlein abnehmen.

Vitamin-E-Maske

Zutaten
1 Eigelb · 1 Teelöffel Weizenkeime
1 Teelöffel Hefe · 2 Eßlöffel Weizenkeimöl

Zubereitung: Das Weizenkeimöl tropfenweise in das Eigelb rühren, bis eine glatte Mayonnaise entstanden ist. Die zerbröckelte Hefe und dann die Weizenkeime darunterrühren. Alles zügig glatt rühren.

Anwendung und Wirkung: Die Auflage gleichmäßig über das gut gereinigte Gesicht und den Hals verteilen. Sobald die Maske erstarrt und getrocknet ist, langsam abreiben und mit viel warmem Wasser nachspülen.

Weizenkeimöl und Weizenkeime sind die natürlichen Vitamin-E-Lieferanten, und viele Schönheitsexperten schwören auf die gute Wirkung von Vitamin E – in seinem natürlichen Verbund – als Verjüngungsvitamin für die Haut. Die Vitamin-E-Maske wirkt glättend, erfrischend und stimulierend auf die Haut, und durch die sanfte Abreibung bewirkt sie ein wohldosiertes Peeling.

Für fette, unreine und großporige Haut

Warme Heilerde-Maske

Zutaten
2 gehäufte Eßlöffel Heilerde
1 Eßlöffel kaltgepreßtes Pflanzenöl

Zubereitung: Zuerst erwärmen Sie das Pflanzenöl auf dem kochenden Wasserbad. Vom Feuer nehmen, die Heilerde zugeben und die Mischung zu einem zähen Brei rühren. Nun langsam mit so viel heißem Wasser vermischen, bis der Brei gut streichfähig ist.

Anwendung und Wirkung: Mit einem breiten Pinsel wird die warme Paste auf das gut gereinigte Gesicht verteilt. Die Heilerde, die man in Apotheken und Naturkostläden kaufen kann, wirkt zwar besonders klärend und heilend auf unreine Haut, rührt man sie aber nur mit Wasser an, wie es häufig empfohlen wird, trocknet sie die Haut stark aus. Gibt man jedoch etwas warmes Öl dazu, so wird der austrocknende Effekt vermieden. Als Variante kann man auch ein wenig Bienenhonig dem erwärmten Öl zufügen, ihn darin auflösen und diese Mischung mit der Heilerde vermengen.
Nach 30 Minuten Einwirkungszeit nimmt man die Warme Heilerde-Maske mit warmem Wasser ab und spült gründlich mit frischem Wasser nach. Bei unreiner Haut kann man die Heilerde-Maske zur regelmäßigen Anwendung empfehlen.

Sonnenblumen-Maske

Zutaten
1 Handvoll geschälte Sonnenblumenkerne
1 Kaffeelöffel reiner Bienenhonig
1 Kaffeelöffel kaltgepreßtes Pflanzenöl

Zubereitung: Sonnenblumenkerne gibt es in Naturkostläden und Reformhäusern. Sie werden in einem entsprechenden Küchengerät, etwa einer elektrischen Kaffeemühle, pulverisiert. Nun löst man den Bienenhonig in ein wenig warmem Wasser auf und rührt portionsweise die Flüssigkeit mit dem Pflanzenöl unter das Pulver. Eventuell muß man noch etwas heißes Wasser zufügen, bis der Brei streichfähig ist, jedoch soll er nicht tropfen.

Anwendung und Wirkung: Die Sonnenblumen-Maske wird gleichmäßig auf das gut gereinigte Gesicht und den Hals aufgetragen und nach einer halben Stunde Einwirkungszeit mit viel lauwarmem Wasser abgewaschen. Sonnenblumenkerne sind reich an Vitamin E, Öl und Lezithin und bilden hier zusammen mit dem nährenden und glättenden Bienenhonig eine gute Wirkstoffkombination. Die Maske wirkt klärend, reinigend und heilend bei unreiner, schlecht durchbluteter und großporiger Haut.

Eibischwurzel-Maske

Zutaten
2 Eßlöffel geschälte Eibischwurzelteilchen
1 Eßlöffel reiner Bienenhonig · 3 Eßlöffel heißes Wasser

Zubereitung: Geschälte Eibischwurzel gibt es in Apotheken und Kräuterhäusern. Sie wird in der elektrischen Kaffeemühle oder in der Getreidemühle staubfein pulverisiert. Das Pulver in eine kleine Schale geben. Den Eßlöffel Bienenhonig in drei Eßlöffel heißem Wasser auflösen und unter das Pulver rühren.

Anwendung und Wirkung: Die zähe Maske auflegen und die Auflage eine Stunde lang einwirken lassen. Abnehmen und mit warmem Wasser nachspülen. Die Eibischwurzel-Maske gilt als eines der wirksamsten und hilfreichsten Mittel zur Behandlung unreiner und großporiger Haut. Die Einwirkungszeit muß relativ lang bemessen sein, und man braucht ein wenig Geduld. Man wird von dem hervorragenden Heilwert dieser Anwendung überrascht sein, denn die Haut wird klar, rein und rosig. Wer unter Akne-Haut leidet, sollte die Maske über einen längeren Zeitraum hinweg mindestens einmal wöchentlich anwenden.

Hefe-Kur

Bei unreiner Haut wendet man die Hefe-Kur sowohl innerlich wie äußerlich an: Täglich zweimal, am besten morgens und abends, schlucken Sie ein haselnußgroßes Stück frische Bäckerhefe und legen zweimal wöchentlich eine Hefe-Gesichtspackung auf. Die Packung bereiten Sie zu, indem Sie die Bäckerhefe mit lauwarmer Milch zu einem streichfähigen Brei verrühren, der mit dem Backpinsel auf Gesicht und Hals aufgetragen wird. Sobald die Packung erstarrt ist, mit lauwarmem Wasser abwaschen oder mit den Fingerspitzen sanft abrubbeln. Die Hefe-Kur sollte man etwa vier bis sechs Wochen durchführen, am besten im Frühling und im Herbst.

Weizenmehl-Maske

Zutaten
2 Eßlöffel Weizenmehl · 1 Eßlöffel naturreines Joghurt

Zubereitung: Ideal für diese Maske ist die Verwendung von Vollweizen, den man in der Getreidemühle staubfein mahlt. Das frisch gemahlene Weizenmehl mit dem Joghurt gründlich verrühren, bis die Paste gut streichfähig ist.

Anwendung und Wirkung: Mit dem Backpinsel wird die Maske über Gesicht und Hals verteilt. Nach etwa einer halben Stunde ist die Maske getrocknet und wird mit viel warmem Wasser langsam abgerieben. Bei großporiger, unreiner Haut und bei verstopften Poren leistet die rasch zuzubereitende Weizenmehl-Maske gute Dienste. Auch wirkt sie straffend und adstringierend, und man kann sie beliebig oft anwenden.

Agar-Agar-Honigmaske

Zutaten
1 Eigelb · 1 Messerspitze Honig
1 Messerspitze Agar-Agar-Pulver

Zubereitung: Geben Sie das Eigelb zusammen mit dem Agar-Agar-Pulver in eine kleine Rührschüssel. Kräftig rühren, bis die Mischung dick ist, und dann den Honig unterrühren.

Anwendung und Wirkung: Mit einem breiten Backpinsel wird die gut verstreichbare Maske über Gesicht und Hals verteilt. Nach 20 Minuten Einwirkungszeit legen Sie eine feuchtwarme Kompresse auf, um die starrgewordene Maske aufzuweichen. Anschließend mit viel warmem Wasser abwaschen.

Die herrlich straffende Agar-Agar-Honigmaske ist eine wahre Wundermaske, sie erfrischt und durchblutet die Haut und verleiht ihr ein glattes, weiches Aussehen. Die Maske ist vor allem zu empfehlen, wenn man nach einem anstrengenden Arbeitstag noch besonders vorteilhaft aussehen will. Wie alle Straffungsmasken sollte man sie nicht zu häufig anwenden.

Stärke-Straffungsmasken

Zutaten
2 Eßlöffel Weizen- oder Mais- oder Kartoffelstärke
warmes Wasser

Zubereitung: Das jeweilige Stärkepulver in eine kleine Schüssel geben. Nun langsam unter ständigem Rühren warmes Wasser dazugeben und zügig glatt rühren. Zu einer streichfähigen, nichtflüssigen Paste rühren.

Anwendung und Wirkung: Zuerst das Gesicht mit etwas Fettcreme oder Öl einreiben. Die Stärke-Straffungsmaske mit einem breiten, weichen Pinsel auf Gesicht und Hals auftragen, wobei die Augenpartien und die vordere Halspartie frei bleiben müssen. Nach 20 Minuten ist die Maske erstarrt, und man weicht sie mit einer feuchtwarmen Kompresse auf, bevor man sie mit warmem Wasser abwäscht.

Masken mit Stärkepulver wirken stark straffend, porenverengend und durchblutungssteigernd, aber auch austrocknend. Man sollte sie deshalb nur selten anwenden.

Bolus-Maske

Zutaten
1 Eßlöffel Bolus alba · 1 Eßlöffel Talkum pulv.
1 Messerspitze Titanoxyd · 1 Messerspitze Zinkoxyd

Zubereitung: Alle Pulver bekommt man in der Apotheke. Die Pulver vermischen und mit wenig warmem Wasser zu einem streichfähigen Brei verrühren.

Anwendung und Wirkung: Zuerst muß das Gesicht mit Fettcreme oder etwas Öl eingerieben werden, da die Tonmaske die Haut weiß anfärben kann. Dann tragen Sie die Maske mit einem weichen, breiten Pinsel auf das Gesicht auf, wobei die Augenpartien, der Haaransatz und die vordere Halspartie frei bleiben müssen. Nach 20 Minuten ist die Maske erstarrt, und nun legen Sie eine feuchtwarme Kompresse auf, um sie zu erweichen. Dann mit viel warmem Wasser abwaschen und mit erfrischendem Gesichtswasser nachreinigen.

Für großporige, schlaffe Haut ist die Bolus-Maske gut geeignet. Sie wirkt stark adstringierend und durchblutungssteigernd, aber auch austrocknend und leicht hautreizend, deshalb darf man sie nur selten verwenden. Man sollte die Maske unbedingt erst testen, bevor man sie für einen besonderen Anlaß verwendet.

HAUT-
REINIGUNGSMITTEL

Viele Hautprobleme entstehen durch ungenügende oder
falsche Reinigung der Haut. Wenn man von Reinigung
spricht, muß zunächst einmal ganz sachlich betrachtet
werden, woraus sich der Schmutz auf der Haut zusammen-
setzt. Wie alle Organe des menschlichen Körpers stellt auch
die Haut kein einheitliches Gewebe dar. Sie ist vielmehr aus
verschiedenen Zellschichten aufgebaut, von denen die äu-
ßerste die Hornschicht ist. Wie die Mehrzahl der kosmetischen Präparate kommen auch die Reinigungsmittel nur

mit der äußersten Hornschicht in Kontakt. An ihrer Oberfläche ist die Hornschicht von einer Fettsubstanz bedeckt, welche man als Hautfett bezeichnet. Chemisch betrachtet ist diese Fettschicht eine Emulsion aus Schweiß, Hauttalg und Abfallprodukten der Zellen. Das Oberflächenfett hat die Funktion, die Hautoberfläche geschmeidig zu halten und den Wassergehalt der tiefergelegenen Hautschichten zu regeln, außerdem dient es der Haut als Schutzbarriere gegen äußere Einflüsse. Es geht also bei der richtigen Hautreinigung darum, die am Oberflächenfett angesammelten Schmutzteilchen zu lösen, ohne die Haut zu sehr zu entfetten oder die natürlichen Hautfunktionen zu beeinträchtigen.

Reinigung ist nicht gleich Reinigung. Der Mehrzahl der heute auf dem Markt befindlichen Reinigungsemulsionen kann man keineswegs zum Vorwurf machen, daß sie nicht gründlich reinigen. Die Problematik besteht vielmehr darin, daß sie viel zu gründlich reinigen, und das bedeutet, daß sie das natürliche Oberflächenfett der Haut zu sehr angreifen. Die allgegenwärtigen Detergentien, Tenside und waschaktiven Substanzen sind heute nicht nur in Schaumbädern und Haarshampoos zu finden, auch in Gesichtsreinigungsmitteln sorgen sie für übergründliche Sauberkeit, die nicht wünschenswert und sogar schädigend für die gesunde Haut ist.

Welche Reinigungsmethode man am besten wählt, richtet sich nach der Hautbeschaffenheit, der Art der Hautverschmutzung und auch nach dem Härtegrad des Wassers. So besteht neben dem Wasser als Reinigungsmittel die Auswahl zwischen Reinigungscremes, wasserlöslichen Reinigungsölen sowie festen Stoffen, die mechanisch reinigen. Jedes Reinigungsmittel hat seine spezifischen Vorteile, und es ist praktisch, wenn man mehrere Reinigungsmittel zur Hand hat. Um beispielsweise Make-up zu entfernen, wird man eine Abschminke brauchen, die öllösliche Schmutzteilchen sanft von der Haut löst; für die tägliche Reinigung sind die hydrophilen Öle, die wasserlöslichen Reinigungsöle, gut geeignet. Bei schlecht durchbluteter und unreiner Haut kann man die Haut mit hydrophilem Öl vorreinigen und anschließend eine pflegende Reinigung mit festen Stoffen, wie etwa Kleie, anwenden. Prinzipiell wird nach jeder Hautreinigung mit Gesichtswasser nachgereinigt.

Orangenblüten-Reinigungscreme

Zutaten
5 g weißes Wachs · 20 g Lanolin anhydrid
(2 gehäufte Kaffeelöffel)
5 g Kakaobutter · 40 g kaltgepreßtes Olivenöl
40 g Orangenblütenwasser · 3 Tropfen Orangenblütenöl

Zubereitung: Auf dem kochenden Wasserbad zuerst das weiße Wachs schmelzen. Nun Lanolin anhydrid und Kakaobutter zugeben. Sobald diese Zutaten geschmolzen sind, das Olivenöl zugeben und alles auf 65 Grad erwärmen. Inzwischen in einem feuerfesten Porzellantöpfchen das Orangenblütenwasser auf 65 Grad erhitzen. Die Fettschmelze vom Feuer nehmen, das Orangenblütenwasser zugeben und mit dem Handrührmixer auf kleinster Stufe mit dem Kaltrühren beginnen. Sobald die Creme handwarm abgekühlt ist, mit Orangenblütenöl (Neroli) parfümieren. Weiter kalt rühren und in Cremetöpfchen abfüllen.

Anwendung und Wirkung: Als Abschmink-Creme ist diese fette Creme gut geeignet. Man trägt sie üppig auf Gesicht und Hals auf, läßt sie kurz einziehen und nimmt sie mit einem weichen Papiertüchlein ab. Auch Augen-Make-up kann man mit dieser Abschminke entfernen. Anschließend wird das Gesicht mit reichlich warmem Wasser gewaschen und die Haut mit saurem Gesichtswasser nachgereinigt. Auch mit einer milden Baby-Seife kann man das Gesicht nach der fetten Reinigung waschen. Nach der Seifenwäsche mit viel warmem Wasser nachspülen und mit Gesichtswasser nachreinigen.

Rosen-Reinigungsmilch

Zutaten

5 g Lanolin anhyd. (½ Kaffeelöffel) · 5 g Wollwachsalkohole
30 g Traubenkern- oder Sonnenblumenkernöl
10 g Tween 80 · 60 g Rosenwasser
4 Tropfen Rosenöl oder Rosenholzöl

Zubereitung: Die ersten vier Zutaten werden im Wasserbad geschmolzen und auf eine Temperatur von 70 Grad erwärmt. In einem anderen Gefäß erwärmen Sie das Rosenwasser ebenfalls auf 70 Grad. Nun gießt man die erwärmte Flüssigkeit unter langsamem Rühren mit dem ausgekochten Holzkochlöffel in einem Strahl in das geschmolzene Fett. Es entsteht eine flüssige Mischung, die sich bei geduldigem Rühren langsam eindickt. Nun mit dem Rosenöl parfümieren. Sobald die Milch abgekühlt ist, in eine Flasche abfüllen. Vor Gebrauch schütteln.

Anwendung und Wirkung: Mit dieser köstlich duftenden Emulsion wird die Hautreinigung zum Vergnügen. Man verteilt die Rosen-Reinigungsmilch reichlich mit beiden Händen über Gesicht und Hals und wäscht sie anschließend mit viel warmem Wasser ab. Die Milch reinigt schonend und gründlich und wird von jeder Haut vertragen.

Arnika-Reinigungsöl

Zutaten

50 g Arnika-Ölauszug · 20 g Weizenkeimöl · 20 g Leinöl
10 g Tween 80 · Parfümöl (nach Bedarf)

Zubereitung: Dieses hydrophile Reinigungsöl ist schnell und einfach zubereitet. Man füllt alle Zutaten in eine Flasche und schüttelt sie einmal gründlich durch. Je nach Bedarf kann man ein paar Tropfen Parfümöl dazugeben, etwa Rosenöl, Zitronenöl, Melissenöl, Lemongrasöl. Seien Sie sparsam mit der Parfümierung; zuviel Parfüm kann bei der Reinigung die Haut reizen.

Anwendung und Wirkung: Zur schonenden Hautreinigung und zur Entfernung von Make-up kann man das Arnika-Reinigungsöl gut gebrauchen. Mit befeuchteten Händen werden Gesicht und Hals gleichmäßig damit einmassiert, dann wäscht man das Öl mit viel warmem Wasser ab. Auch für trockene und sensible Haut ist das Reinigungsöl geeignet.

Hydrophiles Traubenkernöl

Zutaten
80 g Traubenkernöl · 10 g süßes Mandelöl · 10 g Tween 80
4 Tropfen Lemongrasöl oder Zitronenöl

Zubereitung: Die ersten drei Zutaten in eine Flasche füllen und kräftig durchschütteln. Nun Lemongrasöl oder Zitronenöl einträufeln. Falls Sie die genannten Parfümöle nicht zur Hand haben, nehmen Sie 2 Tropfen Pfefferminzöl oder 4 Tropfen Mandarinenöl. Alle Öle mit erfrischender Duftnote sind geeignet, man darf jedoch nicht zuviel davon nehmen, da sonst die Bindehaut der Augen gereizt wird.

Anwendung und Wirkung: Das besonders feinflüssige Traubenkernöl eignet sich vor allem als Waschöl für unreine und fette Haut. Zur Entfernung von öl- und wasserlöslichen Schmutzteilchen oder von Make-up kann man das hydrophile Öl gut gebrauchen. Geben Sie etwas Reinigungsöl in die mit Wasser befeuchteten Handflächen und massieren Sie Gesicht und Hals gleichmäßig damit ab. Nun spülen Sie mit reichlich warmem Wasser nach. Die gut abgetrocknete Haut mit Gesichtswasser nachreinigen.

Klettenwurzel-Reinigungsöl

Zutaten
80 g Traubenkernöl · 10 g Klettenwurzelöl
10 g Tween 80

Zubereitung: Klettenwurzelöl gibt es in der Apotheke; wie Sie den Klettenwurzel-Ölauszug selbst herstellen, finden Sie auf Seite 66f. Die Herstellung des Klettenwurzel-Reinigungsöls ist ganz einfach. Füllen Sie alle drei Zutaten in eine Flasche und schütteln Sie einmal kräftig durch.

Anwendung und Wirkung: Das hydrophile Klettenwurzel-Reinigungsöl eignet sich ideal als Waschöl bei fetter und unreiner Haut. Geben Sie etwas Reinigungsöl in die mit Wasser befeuchteten Handflächen und massieren Sie Gesicht und Hals gleichmäßig damit ab. Nun spülen und waschen Sie reichlich mit fließendem warmem Wasser nach. Mit Gesichtswasser nachreinigen.

Kamillen-Reinigungsöl

Zutaten
70 g Kamillen-Ölauszug
20 g süßes Mandelöl · 10 g Tween 80
10 Tropfen Kamillenblüten-Tinktur

Zubereitung: Kamillen-Ölauszug erhält man in der Apotheke (Oleum Camomillae infusum); wie man den Auszug und die Tinktur herstellt, finden Sie auf Seite 63. Füllen Sie alle Zutaten in eine Flasche mit Spritzverschluß und schütteln Sie dann einmal kräftig durch. Schon ist das Reinigungsöl fertig.

Anwendung und Wirkung: Die Handflächen mit Wasser befeuchten und die Haut mit dem hydrophilen Reinigungsöl massieren. Anschließend das Gesicht mit reichlich warmem Wasser abwaschen. Das Kamillen-Reinigungsöl ist besonders für nervöse, spröde und sensible Haut geeignet. Es reinigt die Haut, ohne sie abzubeizen, wie das so häufig bei den industriell gefertigten Reinigungsmitteln der Fall ist.

Pfirsich-Reinigungsöl

Zutaten
90 g Pfirsichkernöl · 10 g Tween 80
5 Tropfen Rosenholzöl

Zubereitung: Pfirsichkernöl und Tween 80 in eine Flasche geben und kräftig durchschütteln. Mit Rosenholzöl parfümieren. Statt Rosenholzöl können Sie auch andere Parfümöle in der Duftskala ›blumig‹ wählen: etwa 3 Tropfen Orangenblütenöl (Neroli), 2 Tropfen Rosenöl, 3 Tropfen Zitronenöl oder 2 Tropfen Veilchenöl zusammen mit 2 Tropfen Zitronenöl.

Anwendung und Wirkung: Das hautfreundliche Pfirsichkernöl ist für die Hautreinigung trockener Haut sehr gut geeignet, auch die Duftnoten entsprechen in ihrer spezifischen Wirkung der trockenen Haut. Geben Sie etwas Pfirsich-Reinigungsöl in die mit Wasser befeuchteten Handflächen und massieren Sie Gesicht und Hals damit. Nun mit viel lauwarmem Wasser nachspülen und das gut abgetrocknete Gesicht mit Gesichtswasser nachreinigen.

Rosmarin-Reinigungsöl

Zutaten
80 g Sonnenblumenkernöl · 10 g Weizenkeimöl
10 g Tween 80 · 3 Tropfen Rosmarinöl

Zubereitung: Die ersten drei Zutaten in einer Flasche vermischen und kräftig durchschütteln. Dann das ätherische Rosmarinöl tropfenweise zugeben.

Anwendung und Wirkung: Der erfrischende, belebende Duft des Rosmarins kommt in diesem Reinigungsöl zu voller Entfaltung. Geben Sie ein wenig Rosmarin-Reinigungsöl in die mit Wasser befeuchteten Handflächen und massieren Sie Gesicht und Hals damit ein. Nun mit viel warmem Wasser abwaschen. Da Rosmarinduft belebend wirkt, eignet sich dieses würzig duftende Reinigungsöl für die Morgenwäsche; es wird auch von Männern gerne benutzt.

Heilende Hautwäsche

Zutaten
1 Tasse frisch geschroteter Leinsamen
1 Tasse Trockenmilchpulver · 1 Tasse Grieß

Zubereitung: Alle Zutaten gibt es in Naturkostläden. Die angegebenen Mengen sind für einen größeren Vorrat berechnet. Die Zutaten werden in eine Schüssel gegeben und gründlich mit den Händen vermengt. Nun die Mischung in ein gut verschließbares Gefäß abfüllen, damit keine Feuchtigkeit eindringen kann.

Anwendung und Wirkung: Bei jeder Gesichtswaschung geben Sie ein wenig der Mischung in die hohle Hand oder in eine kleine Schale. Mit etwas warmem Wasser rührt man die Mischung zu einem streichfähigen Brei und wäscht Gesicht, Hals und Dekolleté sanft damit ab. Die Haut soll dabei mit leicht streichenden Bewegungen massiert werden. Anschließend wird die Mischung mit viel warmem Wasser gründlich abgespült. Mindestens einmal in der Woche sollte man die Heilende Hautwäsche machen. Sie öffnet die Poren, schilfert die Haut auf sanfte Weise ab, durchblutet sie und verhilft zu einem klaren Hautbild.

Maismehl-Waschung

Zutaten
1 Tasse Maismehl · ½ Tasse Sojamehl
1 Tasse Trockenmilchpulver

Zubereitung: Alle Zutaten erhält man in Naturkostläden. Die Zutaten in einer Schüssel vermischen und in ein gut verschließbares Gefäß abfüllen, damit der Vorrat vor Feuchtigkeit geschützt bleibt.

Anwendung und Wirkung: Die Maismehl-Waschung bewirkt ein sanftes Peeling der Haut, eine leichte Abschilferung, durch die abgestorbene Hornzellen abgetragen und die Poren geöffnet und gereinigt werden. Die Waschung sollte man einmal in der Woche vornehmen. Zuerst wird das Haar zurückgebunden und das Gesicht mit hydrophilem Öl gereinigt, um fettlösliche Schmutzteilchen von der Haut zu lösen. Dann rührt man etwa 1 Eßlöffel der fertigen Mischung mit warmem Wasser an und reibt das Gesicht leicht damit ab, ohne die Haut zu zerren. Diese leichte Massage mit dem großkernigen Mehl sollte einige Minuten lang durchgeführt werden. Anschließend das Gesicht mit viel warmem Wasser gründlich nachspülen und mit Gesichtswasser nachreinigen.

Weizenkleie-Waschung

Zutaten
100 g Weizenkleie · Kamillenblüten-Tinktur

Zubereitung: Für jede Hautwäsche rechnen Sie mit einer Handvoll Weizenkleie und etwa 20 bis 30 Tropfen Kamillen-Tinktur. Deshalb ist es ganz nützlich, wenn man einen kleinen Vorrat von beiden Mitteln im Haus hat.

Anwendung und Wirkung: Man füllt etwas lauwarmes Wasser in eine Schüssel, gibt eine Handvoll Weizenkleie dazu und träufelt dann etwa 20 bis 30 Tropfen Kamillen-Tinktur hinein. Mit der weichen Mischung wäscht man das Gesicht mit leicht kreisenden Bewegungen ab und spült anschließend mit klarem, lauwarmem Wasser nach. Die Waschung eignet sich zur Reinigung schlecht durchbluteter und trockener Haut und kann beliebig oft angewendet werden.

GESICHTSWÄSSER, LOTIONEN, RASIERWÄSSER, MUNDWÄSSER

Seit jeher spielen die Heilkräuter für die Herstellung hochwertiger Gesichts- und Mundwässer eine bedeutende Rolle. Aus den Heilpflanzen werden wäßrige, alkoholische oder weinige Auszüge hergestellt und anschließend in die Gesichtswässer eingearbeitet. Die Methode, Pflanzenwirkstoffe in Wasser, in Alkohol oder in Wein zu lösen, ist seit Jahrhunderten bekannt und für die Zubereitung hochwertiger Wässer bewährt. Die meisten Gesichts- und Rasierwässer basieren im Prinzip auf stark verdünntem Alkohol; stark alkoholhaltige Produkte sind abzulehnen, weil sie die Haut zu sehr entfetten.

In milder Dosierung erzeugt alkoholhaltiges Gesichtswasser ein angenehm erfrischendes Gefühl durch die rasche Verdunstung, hat eine mild entfettende Wirkung, ein besseres Lösungsvermögen für fettige Verunreinigungen und eine sanfte Adstringierung der Poren.

Zur Nachreinigung der Gesichtshaut ist das Gesichtswasser unentbehrlich. Wenn Ihr Waschwasser stark kalkhaltig ist, ist die Nachreinigung der Haut mit saurem Gesichtswasser fast ein *Muß* der Schönheitspflege, denn es sind vor allem die ungelösten Kalk- und Seifenrückstände, die der Verfeinerung des Hautbildes im Wege stehen. Denn das saure Gesichtswasser löst Kalk- und Seifenrückstände von der Haut, es sorgt durch saure pH-Werte für eine rasche Regeneration des Hautsäuremantels, es erfrischt und belebt die Haut gleichermaßen und sorgt ebenso auch für bessere Durchblutung.

Neben solchen Gesichtswässern, die man für den Verbrauch über einen längeren Zeitraum herstellt, lassen sich in der Küche vielerlei frische Mittel finden, die zu schnellem Verbrauch als Gesichtswasser anzuwenden sind: frischer Karottensaft, Buttermilch, frisch gepreßter Gurkensaft, Tomatensaft, Erdbeersaft, Traubensaft und verdünnter Zitronensaft.

Aus Früchten kann man immer frischen Saft selbst herstellen oder das gründlich gereinigte Gesicht mit dem zerdrückten Fruchtfleisch abreiben. Nach ein paar Minuten Einwirkungszeit dieser erfrischenden Kur wird das Fruchtfleisch mit warmem Wasser abgewaschen.

Honig-Gesichtswasser

Zutaten

½ Kaffeelöffel Bienenhonig · 50 g Rosenwasser
50 g Hamameliswasser · 10 Tropfen Kamillen-Tinktur

Zubereitung: Das Rosenwasser leicht erwärmen und den Bienenhonig darin auflösen. Nun alle Zutaten zusammenschütten, durch Kaffeefilterpapier klarfiltern und in eine dunkle Glasflasche abfüllen.

Anwendung und Wirkung: Dieses milde Gesichtswasser eignet sich zur Pflege jeder Haut, auch zarter Gesichtshaut. Nach der Gesichtsreinigung befeuchtet man einen Wattebausch mit etwas Honig-Gesichtswasser und reibt Gesicht und Hals damit ab. Wegen seines günstigen pH-Wertes und seiner klärenden, heilenden Eigenschaften kann man das Gesichtswasser zur täglichen Nachreinigung verwenden.

Orangenblüten-Gesichtswasser

Zutaten

100 g Orangenblütenwasser · 1 Kaffeelöffel Obstessig
½ Kaffeelöffel Bienenhonig · 3 Tropfen Orangenblütenöl

Zubereitung: Ein wenig Orangenblütenwasser wird leicht erwärmt und dann der Bienenhonig darin aufgelöst; das Orangenblütenöl im Obstessig lösen. Nun alle Flüssigkeiten mischen, durch Kaffeefilterpapier klarfiltern, in eine dunkle Apothekerflasche abfüllen und einmal kräftig durchschütteln.

Anwendung und Wirkung: Das Orangenblütenwasser mit seiner sanft belebenden Wirkung, der Bienenhonig mit seiner Heilkraft und der Obstessig mit seinem günstigen pH-Wert machen dieses wohlduftende Gesichtswasser zum idealen Kosmetikum für den täglichen Gebrauch. Ein Wattebausch wird mit wenig Gesichtswasser beträufelt und das gut gereinigte Gesicht und der Hals damit abgerieben.

Mille-Fleurs-Wasser

Zutaten
50 g Rosenwasser · 50 g Orangenblütenwasser
50 g Hamameliswasser · 50 g Pfefferminzwasser oder
Krauseminzwasser · Tinktur (nach Bedarf)

Zubereitung: Alle Wässer miteinander vermischen und in eine dunkle Glasflasche abfüllen. Wenn Sie Wert auf zusätzliche Parfümierung legen, fügen Sie dem Gesichtswasser ein paar Tropfen Ihrer bevorzugten Tinktur bei: ein wenig Rosmarin-Tinktur gibt würzigen Duft; ein klein wenig Kamillen-Tinktur hat heilende Wirkung; ein paar Tropfen Calendula-Tinktur beleben. Tinkturen sind wasserlöslich und lassen sich gut in die Duftwässer einarbeiten.

Anwendung und Wirkung: Das Mille-Fleurs-Wasser ist ein besonders mildes Gesichtswasser. Es ist für jeden Hauttyp geeignet, es erfrischt und belebt, wirkt sanft adstringierend und ist zur täglichen Nachreinigung gut zu gebrauchen. Es verströmt einen feinen blumigen Duft.

<u>Für trockene, empfindliche Haut</u>

Kräuterlotion

Zutaten
2 Eßlöffel Kamillenblüten · 1 Eßlöffel Calendulablüten
1 Eßlöffel Rosenblüten · 30 g Alkohol (70 %)
10 Tropfen Calendula-Tinktur
100 g destilliertes Wasser · 30 g Rosenwasser

Zubereitung: Die getrockneten Blüten werden in einer kleinen Glas- oder Porzellanschüssel vermischt, dann wird der Alkohol darübergegossen und mit dem destillierten Wasser aufgegossen, bis alles mit Flüssigkeit bedeckt ist. Mit einem Leinentuch oder einer Folie bedeckt, wird die Schüssel über Nacht an einem kühlen Platz stehen gelassen. Nach dieser Zeit haben die Pflanzen einen Teil der Flüssigkeit aufgesaugt. Nun wird der gleichzeitig wäßrige und alkoholische Kräuterauszug abgeseiht. Geben Sie die Mischung zuerst in ein feinmaschiges Haarsieb, lassen Sie den Auszug durchlaufen, und drücken Sie dabei die durchtränkten Kräuter gut aus. Die gewonnene Flüssigkeit mit Calendula-Tinktur und Rosenwasser vermischen und durch Kaffeefilterpapier klarfiltern. Um das Filterverfahren zu vereinfachen, legen Sie eine kleine Papierfiltertüte in einen Trichter und setzen ihn auf die Flasche, in welche die Kräuterlotion abgefüllt wird.

Anwendung und Wirkung: Bei dieser fein duftenden Lotion stehen die heilenden, klärenden und belebenden Wirkungen der Kamille und der Calendula im Vordergrund, gefolgt von den tonisierenden Wirkungen der Rosen. Die Lotion wirkt wunderbar belebend auf trockene, empfindliche Haut. Befeuchten Sie einen Wattebausch mit der Kräuterlotion und reiben Sie Gesicht und Hals sanft damit ab. Zur täglichen Nachreinigung ist die Kräuterlotion bestens zu empfehlen.

Rosen-Gesichtswasser

Zutaten
5 g Rosenblütenblätter · 100 g naturreiner Weißwein
50 g Rosenwasser · 1 g Alaun (kleine Prise)
4 Tropfen Rosenholzöl

Zubereitung: Die getrockneten Rosenblütenblätter kommen in ein dunkles Apothekerglas mit breiter Öffnung und werden mit dem angewärmten Weißwein übergossen. Gut verschlossen bleibt die Mischung mindestens eine Woche an einem warmen Platz im Haus stehen. Öfters durchschütteln. Dann seiht man den Rosenwein ab und preßt dabei die Blätter gut aus. Im Rosenwein das Rosenholzöl lösen. Einen Eßlöffel des Rosenwassers erhitzen und das Alaunpulver darin lösen. Nun alle Flüssigkeiten miteinander mischen und durch Kaffeefilterpapier klarfiltern. Statt Rosenholzöl können Sie zur Parfümierung auch Geraniumöl oder synthetisches Rosenöl verwenden.

Anwendung und Wirkung: Der weinige Auszug aus Rosenblütenblättern ist ein klassisches Verfahren für die Herstellung feiner, hautverschönernder Gesichtswässer. Wegen seines idealen pH-Werts ist dieses Gesichtswasser zur Nachreinigung gut geeignet; durch die Beifügung von Alaun hat es eine sanft adstringierende Wirkung und ist vor allem für trockene, nervöse und alternde Haut zu empfehlen.

Kamillen-Tonikum

Zutaten
2 Eßlöffel Kamillenblüten · 1 Eßlöffel Eibischwurzel
¼ l destilliertes Wasser · 50 g Hamameliswasser
20 Tropfen Kamillen-Tinktur

Zubereitung: Geben Sie die getrockneten Kräuterteile in eine Porzellanschüssel und gießen Sie das destillierte Wasser darüber. Zugedeckt über Nacht stehen lassen. Am nächsten Tag seihen Sie die dickliche Flüssigkeit ab und pressen dabei die Pflanzenrückstände gut aus. Legen Sie das Sieb mit einem Mulltüchlein aus, um alle Pflanzenrückstände zu beseitigen. Den gewonnenen Kräuterauszug mit dem Hamameliswasser aufgießen und die Kamillen-Tinktur hinzufügen. Durch Kaffeefilterpapier klarfiltern. In eine dunkle Flasche abfüllen.

Anwendung und Wirkung: In diesem angenehm duftenden, goldbraunen Tonikum stehen die heilenden Eigenschaften

der Kamillenblüten und des Eibischs im Vordergrund. Die
Einreibung mit dem Tonikum wirkt wunderbar beruhigend
bei trockener, empfindlicher und leicht gereizter Haut.

Malvenblüten-Lotion

Zutaten

4 Eßlöffel Malvenblütenblätter · 200 g destilliertes Wasser
30 g Alkohol (70%) · 2 Kaffeelöffel Melissen-Tinktur

Zubereitung: Die getrockneten Malvenblütenblätter legen
Sie in eine kleine Porzellanschale und übergießen sie mit
dem destillierten Wasser und dem Alkohol. Zudecken und
über Nacht stehen lassen. Dann seihen Sie die Flüsigkeit ab
und pressen dabei die Pflanzenrückstände gut aus. Die
gewonnene Flüssigkeit durch Kaffeefilterpapier klarfiltern.
Mit der Melissen-Tinktur vermischen und in dunkle Glasflasche abfüllen.

Anwendung und Wirkung: Die beruhigenden, krampflö-
senden Eigenschaften der Malve und der Melisse kommen
in diesem wäßrigen und alkoholischen Auszug sehr gut zur
Wirkung. Die duftende, rotgoldene Pflanzenlotion eignet
sich zur Nachreinigung trockener, sensibler und alternder
Haut.

Calendula-Gesichtswasser

Zutaten

30 g Calendula-Tinktur · 70 g Rosenwasser
100 g Orangenblütenwasser · 5 Tropfen Rosenholzöl

Zubereitung: Lösen Sie zuerst das Rosenholzöl in der Calendula-Tinktur auf. Nun mit dem Rosenwasser und dem
Orangenblütenwasser vermischen. Durch Kaffeefilterpapier klarfiltern und danach in eine dunkle Glasflasche
abfüllen.

Anwendung und Wirkung: Das herrlich duftende, zartgelbe Calendula-Gesichtswasser wirkt mild adstringierend, belebend und erfrischend auf empfindliche und trockene Haut. Beträufeln Sie einen Wattebausch mit Calendula-Gesichtswasser und reiben Sie nach der Hautreinigung Gesicht und Hals sanft damit ab.

<u>Für fette, unreine und großporige Haut</u>

Klettenwurzel-Gesichtswasser

Zutaten
3 knappe Eßlöffel Klettenwurzel
150 g destilliertes Wasser · 50 g Hamameliswasser
½ Kaffeelöffel reiner Bienenhonig
1 Kaffeelöffel Klettenwurzel-Tinktur
4 Tropfen Fenchelöl

Zubereitung: Die kleingeschnittene Klettenwurzel – man bekommt sie beim Apotheker – geben Sie in eine Porzellanschüssel und übergießen sie mit dem destillierten Wasser. Zubinden, über Nacht stehen lassen. Am nächsten Tag seihen Sie die Flüssigkeit ab und drücken dabei die Wurzelteilchen kräftig aus.

Nun erwärmen Sie das Hamameliswasser leicht und lösen den Bienenhonig darin auf. Das Fenchelöl in der Klettenwurzel-Tinktur lösen. Alles miteinander vermischen, durch Kaffeefilterpapier klarfiltern und in eine dunkle Flasche abfüllen.

Anwendung und Wirkung: Sowohl der wäßrige wie der alkoholische Auszug aus den Klettenwurzeln kommt in dieser schönen, goldbraunen Lotion zur Wirkung. Das Gesichtswasser wirkt klärend, heilend und tonisierend und durch die Beifügung von Fenchelöl auch sanft antiseptisch bei unreiner Haut und bei Akne-Haut.

Pfefferminz-Gesichtswasser

Zutaten
3 g Bienenhonig (½ Kaffeelöffel)
50 g Pfefferminzwasser oder Krauseminzwasser
100 g Hamameliswasser
20 g Alkohol (70%)
3 Tropfen Pfefferminzöl

Zubereitung: Erwärmen Sie ein wenig von dem Hamameliswasser und lösen Sie darin den Bienenhonig auf. Das Pfefferminzöl im Alkohol auflösen. Nun alles miteinander vermischen, klarfiltern und in dunkle Glasflasche abfüllen. Geben Sie bei der Parfümierung das Pfefferminzöl vorsichtig mit der Pipette zu. Pfefferminzöl ist sehr intensiv, und wenn Sie zuviel davon nehmen, können Sie die Haut damit reizen.

Kräuterlotion

Zutaten
10 g Rosmarin-Tinktur · 10 g Zinnkraut-Tinktur
10 g Huflattich-Tinktur · 150 g Hamameliswasser
20 g Pfefferminzwasser oder Krauseminzwasser

Zubereitung: Alle Flüssigkeiten miteinander vermischen, klarfiltern und in eine ausreichend große, dunkle Glasflasche abfüllen.

Anwendung und Wirkung: Die aromatisch duftende lindgrüne Kräuterlotion enthält einige der wirkungsvollsten alkoholischen und wäßrigen Auszüge aus Heilkräutern, die für die Pflege fetter, großporiger und unreiner Haut geeignet sind. So ist die schöne Wirkstoffkombination eine Wohltat für fette, unreine und großporige Haut. Das Gesichtswasser eignet sich aus diesem Grund auch vorzüglich zur Nachreinigung.

Vielkräuterwasser

Zutaten

1 Eßlöffel Zinnkraut · 1 Eßlöffel Huflattichblüten
1 Eßlöffel Thymian · 1 Eßlöffel Rosmarin
1 Eßlöffel Eibischwurzel
150 g destilliertes Wasser · 30 g Lavendel-Tinktur
40 g Hamameliswasser

Zubereitung: Alle getrockneten Kräuterteile in eine Glasschüssel geben und mit dem destillierten Wasser übergießen, so daß die Kräuter gut bedeckt sind. Die Schüssel zubinden und über Nacht stehen lassen. Dann den wäßrigen Kräuterauszug durch ein Küchensieb ablaufen lassen, wobei man die Pflanzenrückstände gut ausdrückt. Lavendel-Tinktur und Hamameliswasser hinzufügen. Durch Kaffeefilterpapier klarfiltern, in eine dunkle Glasflasche abfüllen.

Anwendung und Wirkung: Das würzig duftende goldbraune Vielkräuterwasser enthält zahlreiche Wirkstoffe zur Behandlung von unreiner, fetter und großporiger Haut. Diese Wirkstoffkombination der sich gut ergänzenden Heilpflanzen ergibt ein wahrhaft üppiges Gesichtswasser zur Pflege fetter, unreiner und großporiger Haut. Ein wenig Vielkräuterwasser auf einen Wattebausch träufeln und Gesicht und Hals damit sanft abreiben.

Adstringierendes Kampferwasser

Zutaten

100 g Hamameliswasser · 100 g Pfefferminzwasser
oder Krauseminzwasser
2 Kaffeelöffel Kampferspiritus · 1 Kaffeelöffel Obstessig
1 Teelöffel reiner Bienenhonig · 2 Tropfen Pfefferminzöl

Zubereitung: Etwa 30 g des Hamameliswassers vorsichtig erwärmen und den Bienenhonig darin auflösen. Abkühlen lassen. Das Pfefferminzöl im Kampferspiritus lösen und den Obstessig dazugeben. Nun alle Zutaten miteinander vermischen, durch Kaffeefilterpapier klarfiltern und in eine ausreichend große Flasche abfüllen.

Anwendung und Wirkung: Bei der Zugabe von Kampfer in kosmetische Produkte verhält es sich ähnlich wie beim Alkohol; kleine Mengen wirken sich bei der Hautpflege sehr günstig aus, zu große Mengen können die Haut austrocknen. Bei großporiger und schlecht durchbluteter Haut ist dieses erfrischende Gesichtswasser ganz besonders zu empfehlen. Es schließt die Poren, festigt und verfeinert die Oberfläche der Haut, es schützt den Säuremantel der Haut und wirkt der Bildung von Hautunreinheiten entgegen. Durch seinen durchblutungssteigernden und angenehm kühlenden Effekt kann man es sehr gut als Nachreinigungsmittel gebrauchen.

Queckenwurzel-Lotion

Zutaten
2 Eßlöffel Queckenwurzeln
1 Eßlöffel Huflattichblüten · 30 g Alkohol (70%)
100 g destilliertes Wasser
1 g Kampfer · 5 Tropfen Milchsäure
30 g Hamameliswasser

Zubereitung: Die ersten beiden Zutaten werden in einer kleinen Glas- oder Porzellanschüssel gut miteinander vermischt. 25 g des Alkohols und das destillierte Wasser darübergießen, bis alles gut durchtränkt ist. Die Schüssel bedecken und über Nacht stehen lassen. Am nächsten Tag wird der gleichzeitig wäßrige und alkoholische Kräuterauszug abgeseiht. Lassen Sie die Mischung durch ein feinmaschiges Haarsieb durchlaufen, und drücken Sie dabei die Pflanzenrückstände gut aus. Nun lösen Sie in den verbliebenen 5 g Alkohol die Kampferkörnchen auf und träufeln die Milchsäure dazu. Die Mischung in den Kräuterauszug geben und mit dem Hamameliswasser aufgießen. Durch Kaffeefilterpapier klarfiltern und abfüllen.

Anwendung und Wirkung: Wertvolle Schleimstoffe, Mineralsalze und ätherisches Öl sind Bestandteile der Queckenwurzel, und der im Huflattich enthaltene Schleimstoff und der Schwefel ergänzen gut das Wirkungsspektrum der Queckenwurzel. Diese vielfältigen Heilwirkungen werden durch die Beifügung von Kampfer unterstützt, während die in kleiner Dosierung zugefügte Milchsäure zur Regenerierung des Hautsäuremantels beiträgt. Die Lotion eignet sich zur Pflege von unreiner Haut und Akne-Haut. Wer an Hautunreinheiten an den Oberarmen und am Rücken zu leiden hat, sollte die Queckenwurzel-Lotion täglich zur Abreibung verwenden.

Zinnkraut-Adstringens

Zutaten
20 g Zinnkraut-Tinktur · 80 g Hamameliswasser
5 Tropfen Rosmarinöl

Zubereitung: Das ätherische Rosmarinöl in der Zinnkraut-Tinktur lösen, mit dem Hamameliswasser aufgießen. Klarfiltern und abfüllen.

Anwendung und Wirkung: Zur Nachreinigung großporiger und fetter Haut ist dieses porenverfeinernde Gesichtswasser gedacht. Es wirkt heilend, klärend und tonisierend auf die Haut. Man beträufelt einen Wattebausch damit und reibt Gesicht und Hals damit ab.

Rasierwässer

Bei der Zusammenstellung der Rezepturen für Rasierwässer herrschte unter meinen Testpersonen Einigkeit über den grundsätzlichen Zweck, den Rasierwasser auf der Haut erfüllen soll: Es soll kühlen, es soll erfrischen, es soll gut riechen, es soll die nach der Rasur irritierte Haut beruhigen. Diese Wünsche sind erfüllbar. Etwas schwieriger wird es, wenn man individuelle Wünsche in einer Grundrezeptur zu berücksichtigen sucht. Denn manche Männer schätzen stark alkoholhaltige Rasierwässer, andere weniger alkoholhaltige. Normalerweise sind die im Handel erhältlichen Rasierwässer von 50 bis 90 Prozent alkoholisch. Ich habe die nachfolgenden Rezepte auf 50 Volumenprozent ausgerichtet. So können Sie das Rasierwasser nach dem Grundrezept fertigstellen und es nach individuellen Ansprüchen ändern, wenn Sie der fertigen Mischung entsprechend mehr Alkohol zusetzen. Sie können das Rasierwasser auch verdünnen, indem Sie mit einem in der Rezeptur genannten Wasser aufgießen, etwa mit Hamameliswasser oder mit Orangenblütenwasser.

Manche Männer schätzen den Zusatz von pflegenden Ölen in Rasierwässern. Auch dieser Wunsch ist problemlos erfüllbar: So können Sie bei den nachfolgend genannten Rezepturen 10 Tropfen Avocadoöl oder süßes Mandelöl in Alkohol lösen und mit dem Herstellungsverfahren fortfahren, wie in der Rezeptur angegeben. Denken Sie auch daran, daß Sie bei allen nachträglichen Änderungen an den Grundrezepten das fertige Rasierwasser erneut klarfiltern.

Vetiver-Rasierwasser

Zutaten
50 g Hamameliswasser · 50 g Orangenblütenwasser
100 g Alkohol (90 %) · 0,5 g Menthol · 1 g Alaun (kleine Prise)
10 Tropfen Vetiveröl · 6 Tropfen Rosenholzöl
10 Tropfen süßes Mandelöl

Zubereitung: Mentholkörnchen im Alkohol lösen, dann Vetiveröl, Rosenholzöl und süßes Mandelöl in dieser alkoholischen Mischung lösen. Ein wenig Hamameliswasser erwärmen und das Alaunpulver darin lösen. Nun alle Flüssigkeiten miteinander vermischen. Durch Kaffeefilterpapier klarfiltern.

Anwendung und Wirkung: Vetiver gehört zu den feinsten Duftnoten in der Herrenkosmetik. Es duftet herb und wird hier in der Komposition mit Rosenholzöl schön ergänzt. Durch die Beifügung von Menthol wirkt das Rasierwasser kühlend, durch Alkohol erfrischend und durch Alaun adstringierend auf die durch den Rasiervorgang irritierte Haut. Falls Ihnen der Duft zu intensiv ist, mit etwas Hamameliswasser verdünnen.

Santali-Rasierwasser

Zutaten
50 g Hamameliswasser · 50 g Rosenwasser
100 g Alkohol (90 %) · 2 g Alaun
12 Tropfen Santaliöl (Sandelholzöl)
5 Tropfen Wacholderholzöl · 2 Tropfen Rosenholzöl

Zubereitung: Zunächst lösen Sie die Mentholkristalle im Alkohol, dann träufeln Sie die Parfümöle mit der Pipette ein. Ein wenig Hamameliswasser erwärmen und das Alaunpulver darin auflösen. Nun alle Flüssigkeiten miteinander vermischen, durchschütteln. Durch Kaffeefilterpapier klarfiltern und in eine hübsche Flasche abfüllen.

Anwendung und Wirkung: Der Duft von Sandelholz wird von Männern sehr geschätzt und ist hier mit dem herben Wacholderholzöl und dem leicht blumigen Rosenholzöl kombiniert. Das Rasierwasser eignet sich auch für jüngere Männer, es duftet frisch, herb und jugendlich. Menthol wirkt kühlend, Alkohol erfrischend und Alaun adstringierend auf die Haut, insbesondere nach der Naßrasur.

Wacholderholz-Rasierwasser

Zutaten

50 g Hamameliswasser · 50 g Orangenblütenwasser
100 g Alkohol (90 %) · 0,5 g Menthol · 2 g Alaun
12 Tropfen Wacholderholzöl · 5 Tropfen Rosenholzöl
2 Tropfen Zimtöl oder Zypressenöl

Zubereitung: Die Mentholkristalle im Alkohol auflösen, dann die Parfümöle mit der Pipette einträufeln. (Bei Bedarf noch pflegendes Öl – 10 Tropfen Avocadoöl oder süßes Mandelöl – im Alkohol lösen.) Ein wenig Hamameliswasser erwärmen, das Alaunpulver darin auflösen. Nun alle Flüssigkeiten miteinander vermischen und kräftig durchschütteln. Durch Kaffeefilterpapier klarfiltern.

Anwendung und Wirkung: Hier ist nochmals eine Mischung herber Duftnoten mit etwas blumigeren. Das würzig duftende Rasierwasser eignet sich für Männer jeden Alters. Auch in diesem Rasierwasser wirkt das Menthol kühlend, der Alkohol erfrischend, der Alaun adstringierend, vor allem nach der Naßrasur.

Hamamelis-Rasierwasser
für unreine Haut und Akne

Zutaten

100 g Hamameliswasser
50 g Pfefferminzwasser oder Krauseminzwasser
50 g Hamamelis-Tinktur · 0,5 g Menthol · 2 g Alaun

Zubereitung: Lösen Sie zuerst in der Hamamelis-Tinktur durch leichtes Schütteln die Mentholkristalle auf. Nun erhitzen Sie einen Eßlöffel Hamameliswasser und lösen darin das Alaunpulver. Alles miteinander vermischen, durchschütteln. Durch Kaffeefilterpapier klarfiltern.

Anwendung und Wirkung: Dieses Rasierwasser eignet sich gut für unreine Haut und für Akne-Haut, die nach der Rasur besonders gereizt ist. Vor allem durch die Beifügung von Hamameliswasser und Hamamelis-Tinktur wirkt das Rasierwasser heilend und erfrischend auf die Haut. Menthol sorgt für kühlenden Effekt und der Alaun für adstringierende Wirkung. So hilft das Raiserwasser, die nach der Rasur irritierte Haut zu beruhigen. Das Rasierwasser hat, bedingt durch die Hamamelis-Tinktur, eine leicht grünliche Farbe, die nicht stört. Es riecht allerdings ein wenig nach Apotheke, was möglicherweise mancher junge Mann als störend empfinden mag. Wenn Sie das Rasierwasser zusätzlich parfümieren wollen, dann lösen Sie in einem Löffel Alkohol ein paar Tröpfchen Parfümöl auf und fügen es der Mischung bei. Die in den Rasierwasser-Rezepten genannten Duftkompositionen sind dafür geeignet.

Mundwässer

Salbei-Mundwasser

Zutaten
70 g destilliertes Wasser · 30 g Alkohol (90%)
30 Tropfen Salbei-Tinktur · 0,4 g Menthol

Dosierung: 1 bis 2 Kaffeelöffel der fertigen Mischung auf ein Viertelliter Wasser.

Zubereitung: Lösen Sie die Mentholkörnchen im Alkohol und mischen Sie die Lösung zusammen mit der Salbei-Tinktur unter das destillierte Wasser. Alles gut durchschütteln und in eine Flasche mit Spritzverschluß abfüllen.

Anwendung und Wirkung: Das Mundwasser muß, wie alle Mundwässer, vor der Anwendung verdünnt werden. Rechnen Sie ca. 1 bis 2 Kaffeelöffel auf ein Zahnputzglas Wasser. Das Salbei-Mundwasser wirkt erfrischend, hinterläßt einen angenehmen Geschmack im Mund und beugt Zahnfleischbluten vor. Der Salbei gehört zu den klassischen Mitteln in der Zahnpflege; früher putzte man sich mit pulverisierten Salbeiblättern die Zähne.

Myrrhe-Mundwasser

Zutaten
60 g destilliertes Wasser · 20 g Alkohol (90 %)
15 Tropfen Pfefferminzöl · 15 Tropfen Myrrhen-Tinktur

Dosierung: 1 bis 2 Kaffeelöffel der fertigen Mischung auf ein Viertelliter Wasser.

Zubereitung: Das Pfefferminzöl in den Alkohol träufeln und darin auflösen. Myrrhen-Tinktur zufügen und mit dem destillierten Wasser auffüllen.

Anwendung und Wirkung: Die milchige Flüssigkeit wird ebenfalls verdünnt angewendet. Man rechnet 1 bis 2 Kaffeelöffel auf ein Zahnputzglas Wasser. Dieses klassische Rezept der Mundpflege ist besonders zu empfehlen bei entzündlichen Veränderungen im Mundraum, wie etwa entzündetes Zahnfleisch oder Bläschen auf der Zunge.

HAUTCREMES
FÜR JEDEN HAUTTYP

Die Entwicklung der Industriekosmetik und die der Naturkosmetik gehen ganz unterschiedliche Wege. Nach zehn
Jahren Arbeit an der Naturkosmetik wird so manche Absur-
dität der Industrieproduktion klar, die sich besser durch-
schauen läßt, wenn man den Umgang mit Naturprodukten
gewöhnt ist. Erstaunlicherweise werden von der Industrie
manchen Cremes oft Eigenschaften zugesprochen, die sie
nicht haben können und auch gar nicht haben sollen. Es gibt

zwar im Handel Cremes, die einen sehr günstigen chemischen Aufbau haben, die sich gut verstreichen lassen, von der Haut rasch aufgesogen werden und jahrelange Haltbarkeit garantieren; aber dennoch sind sie zur Hauptpflege nicht geeignet. Manche Creme wird wie eine Ersatzmedizin angepriesen, obwohl medizinisch wirksame Stoffe gemäß gesetzlicher Regelung im Kosmetikbereich gar nicht zur Anwendung kommen dürfen und ausschließlich der Pharmazie und damit den Dermatologen vorbehalten sind. Auch gehört es zu den absurden Tatsachen im Handel mit Kosmetika, wie die Unkenntnis der Verbraucher über die Wasserspeicherungsfähigkeit der Haut von der Industrie für den Verkauf sogenannter Feuchtigkeitsmilchen genutzt wird. Die Feuchtigkeitsmilch ist eine Öl-in-Wasser-Emulsion, bei der der wäßrige Anteil im Gegensatz zum öligen überwiegt, und fälschlicherweise wird sie als Feuchtigkeitsspender bezeichnet, obgleich sie genau diese Funktion auf der Haut nicht erfüllen kann. Viele Dermatologen sind sogar der Meinung, die sogenannten Feuchtigkeitsspender seien in erster Linie für das Austrocknen der Haut verantwortlich und auch dafür, bei ohnehin trockener Haut chronische Trockenheit zu bewirken. Denn in der Hornschicht der Haut sind zur Regulierung des Wasserhaushalts verschiedene Substanzen eingelagert, die die Fähigkeit besitzen, das der Haut zugeführte Wasser, sei es nun aus dem Körperinnern, aus der Atmosphäre oder aus kosmetischen Produkten, zu binden und dort einige Zeit zu speichern. Da diese Substanzen, die vom eigenen Hautfettfilm geschützt sind, nicht nur Wasser binden, sondern auch selbst wasserlöslich sind, werden sie beim Verdunsten der wasserbasierten und mit *wasserlöslichen Emulgatoren* versetzten Feuchtigkeitsmilch gelöst. Es verbindet sich Wasser mit Wasser, und durch die Lufttrockenheit findet eine rasche Verdunstung statt. Dieser osmotische Effekt bewirkt die unkontrollierbare Austrocknung der Haut.

Der wahre Feuchtigkeitsspender ist die Fettcreme, die Wasser-in-Öl-Emulsion. Zu Recht bezeichnet man sie in der Dermatologie als Deckcreme, denn die Wasser-in-Öl-Emulsion gibt nach dem Einreiben die in ihr enthaltene Feuchtigkeit an die Hornschicht der Haut ab, während sich das Fett an der Oberfläche sammelt und verhindert, daß die Feuchtigkeit nach außen treten und durch Lufttrockenheit verdunsten kann. So werden Sie in den nachfolgenden Rezepturen ausschließlich Wasser-in-Öl-Emulsionen finden, und obwohl es auch in der Naturkosmetik leicht möglich wäre, Milchen für die Gesichtspflege herzustellen, kann man aus den genannten Gründen gerne darauf verzichten. Die mit reinen Pflanzenölen, wertvollen Fetten und Wässern zubereiteten Cremes werden dünn auf die Haut aufgetragen. Da die natürlichen Fette und Öle dem Hautfett sehr ähnlich sind, werden sie rasch angenommen und hinterlassen keinen glänzenden Fettfilm.

Wenn wir davon sprechen, was eine Creme nicht soll, dann gehört dazu, daß sie die natürliche Bakterienflora der Haut und damit auch die Funktion des gesunden Säuremantels der Haut nicht beeinträchtigen darf. Selbst nach gründlicher Hautreinigung ist die normale Haut noch immer Träger zahlreicher Keime. Manche davon sind immer vorhanden und bilden die natürliche Bakterienflora der Haut, die man auch *Standflora* nennt, andere Bakterien gelangen aus der Luft oder durch den Kontakt mit keimhaltigen Gegenständen auf die Haut. Die immer vorhandene natürliche Bakterienflora der Haut macht es neu ankommenden Keimen schwer, sich auf der Haut niederzulassen, und eine gesunde Haut ist in der Lage, die fremden Keime zu eliminieren und zu vernichten. Die an der Hautoberfläche herrschende saure Reaktion der Haut spielt hierbei eine sehr wichtige Rolle, denn die Chancen des Bakterienwachstums sind in saurem Milieu stark eingeschränkt, und der gesunde Säuremantel der Haut wirkt als stabiles Abwehrsystem. Wenn man nun mit einem kosmetischen Produkt in den gesunden Bakterienhaushalt der Haut eingreift, wird man deshalb auch zwangsläufig eine wichtige Hautfunktion durchbrechen.

Dies geschieht bei kosmetischen Fertigprodukten mit einem unerwünschten Nebeneffekt, nämlich durch Konservierungsmittel, die mit ihren stark desinfizierenden Nebeneigenschaften die natürlichen biologischen Vorgänge der Haut stören. Zwar sind toxische Konservierungsmittel dazu da, eine Creme über einen langen Zeitraum hinweg frischzuhalten, jedoch darf man nicht glauben, daß die keimtötende Wirkung in dem Augenblick aufhört, in dem die Creme mit der Haut in Berührung kommt und dort über einen längeren Zeitraum hinweg wirkt. Das Argument der Industrie, nur Konservierungsstoffe einzusetzen, die zwar Keime in einer Creme abzutöten vermögen, nicht aber Keime auf der Haut, ist eine Zumutung für den denkenden Menschen. Es ist zwar möglich, solche Konservierungsstoffe zu verwenden, die speziell die bei der Kosmetikproduktion gefürchtete Schimmelbildung verhindern. Diese Stoffe allerdings sind auch imstande, einfache Bakterien auf der Haut zu vernichten.

Wie so oft werden Lagerungs- und Vertriebsprobleme der Industrie auf der Haut des Verbrauchers ausgetragen, denn die jahrelange Haltbarkeit von Hautcremes dient keineswegs der Hautpflege.

Auch in der Naturkosmetik könnte man – wenn man das wollte – Hautcremes konservieren. Darauf wird man allerdings gerne verzichten. Denn weder soll die biologische Einigkeit der Naturstoffe in ihrem natürlichen Verbund gestört werden, noch soll die Konservierung später auf der Haut unkontrollierbare Nebeneffekte schaffen. Sanfte, natürliche Konservierung bewirken ja schon die in den Cremes eingesetzten Stoffe: Bienenwachs und ätherische Öle.

Wenn Ihre Rohstoffe für die Cremeherstellung frisch sind, die Herstellung hygienisch, dann wird Ihre Hautcreme bei kühler Lagerung 4 bis 6 Wochen gut halten, und innerhalb dieses Zeitraums hat man ein Töpfchen Creme normalerweise auch aufgebraucht. Die ideale Lagertemperatur liegt zwischen 10 und 15 Grad.

Cremes,
die Sie immer brauchen können

Basiscreme

Zutaten
10 g Lanolin anhydrid (1 gehäufter Kaffeelöffel)
5 g Bienenwachs
5 g Kakaobutter · 40 g süßes Mandelöl
40 g destilliertes Wasser

Zubereitung: Die ersten drei Zutaten werden auf dem kochenden Wasserbad geschmolzen, bis sich alles gut verflüssigt hat. Nun das süße Mandelöl zufügen und die Mischung auf 60 Grad erwärmen. Inzwischen wird das Rosenwasser in einem feuerfesten Porzellantöpfchen ebenfalls auf 60 Grad erwärmt. Vom Feuer nehmen. Unter stetigem Rühren mit dem Handrührmixer wird nun das destillierte Wasser in die geschmolzenen Fette und Öle eingerührt. Mit dem elektrischen Handrührmixer auf kleinster Stufe rühren, bis die Creme erkaltet. In Töpfchen abfüllen.

Anwendung und Wirkung: Diese einfache, unparfümierte Basiscreme ist eine Vielzweckcreme. Ob Sie die Hände nach dem Händewaschen damit einreiben; ob Sie eine Frischanwendung mit kosmetischen Rohstoffen aus der Küche damit anrühren; ob Sie einen empfindlichen Babypopo damit behandeln oder die Creme als einfache Gesichtscreme verwenden: Die Basiscreme leistet viele gute Dienste, sie ist reizlos verträglich und unkompliziert herzustellen. Rezepte zur Einarbeitung frischer Rohstoffe aus der Küche für Pakkungen und Masken – bei welchen die Basiscreme als *Träger* dient – finden Sie im Kapitel *Gesichtsdampfbäder, Gesichtsmasken und -packungen.*

Sport-Creme

5 g Lanolin (½ Kaffeelöffel) · 30 g Vaseline
1 Eßlöffel Avocadoöl · 40 g destilliertes Wasser
3 Tropfen Lavendelöl (bei Bedarf)

Zubereitung: Die ersten beiden Zutaten auf dem Wasserbad
zum Schmelzen bringen, dann das Avocadoöl zufügen und
alles auf 60 Grad erwärmen. Inzwischen das destillierte
Wasser ebenfalls auf 60 Grad erwärmen und mit dem
elektrischen Handrührmixer in die Fettschmelze einrühren. Sobald die Creme handwarm abgekühlt ist, mit dem
Lavendelöl parfümieren.

Anwendung und Wirkung: Die Sport-Creme ist eine glatte
Schutzcreme, die sich bei Wind und Wetter und wie auch
als Handschutzcreme empfiehlt. Die wasserabstoßende
Schutzcreme wirkt durch die Beifügung von Vaseline schüt-
zend, auch gegen Kälte. Sie eignet sich auch zum Hautschutz für sporttreibende Kinder, etwa beim Rodeln oder
Schlittschuhlaufen, wobei die Gesichtshaut Kälte und Näs-
se ausgesetzt ist.

Spezialsalbe gegen unreine Hautstellen

Zutaten
30 g weiche Zinkpaste · 15 g Heilerde (1 gehäufter Eßlöffel)
2 Tropfen Pfefferminzöl

Zubereitung: Die Zinkpaste aus der Apotheke wird auf dem
kochenden Wasserbad geschmolzen. Sobald die Schmelze
60 Grad erreicht hat, vom Feuer nehmen. Die Heilerde
zugeben und nun mit dem Handrührmixer rühren, bis sie
sich in der Zinksalbe aufgelöst hat. Kurz vor dem Erkalten
der Salbe das Pfefferminzöl zufügen und weiterrühren, bis
die Salbe ganz erkaltet ist. In ein kleines Cremetöpfchen
abfüllen.

Anwendung und Wirkung: Die lang haltbare Spezialsalbe eignet sich gut zur Behandlung *einzeln* auftretender Mitesser und Pickel, auch gegen Schrunden und rissige Hautstellen. Da man mit der Salbe nur einzelne Hautstellen behandeln soll, darf man sie nicht über das ganze Gesicht verteilen, denn sie hat auch austrocknende Wirkung. Man betupft die betroffene Hautstelle mit etwas Spezialsalbe und läßt sie über Nacht einwirken.

Fond de Teint

Zutaten
3 g Wollwachsalkohole · 5 g Lanolin (½ Kaffeelöffel)
10 g süßes Mandelöl · 20 g Rosenwasser · 1 g Talkum
1 g Titanoxyd · 1–3 g Bolus rubra (roter Ton),
je nach Farbwunsch

Zubereitung: Die ersten beiden Zutaten auf dem kochenden Wasserbad schmelzen, dann das süße Mandelöl zugeben und alles auf 60 Grad erwärmen. Das Rosenwasser getrennt in einem kleinen Töpfchen auf 60 Grad erwärmen. Talkum, Titanoxyd und roten Ton miteinander vermischen und zweimal durch ein feinmaschiges Haarsieb schütteln. Nun das Rosenwasser in die Fettschmelze geben, ganz kurz mit dem Handrührmixer rühren und dann die Pudermischung hinzufügen. Weiterrühren, bis die Creme erkaltet ist.

Anwendung und Wirkung: Zu Beginn des Rührens wirkt der Fond de Teint relativ dunkel. Während die Mischung abkühlt, wird die Farbe heller und ist, auf der Haut aufgetragen, von mittlerer Tönung. Es ist empfehlenswert, den Fond de Teint einmal mit einer mittleren Tönung von 2 g Bolus rubra herzustellen; dann sieht man die Farbe und kann später entsprechend variieren, denn die richtige Farbgebung hängt von der natürlichen Hautfarbe ab. Der Fond de Teint deckt gut ab und ist wegen seiner pflegenden Inhaltsstoffe gut zu gebrauchen. Am besten trägt man ihn mit einem angefeuchteten Schwämmchen auf, mit dem er sich gleichmäßig über Gesicht, Hals und Dekolleté verteilen läßt.

Augenfältchenöl

Zutaten
1 Kaffeelöffel Kakaobutter
5 g Lanolin anhydrid (½ Kaffeelöffel) · 50 g süßes Mandelöl
½ Kaffeelöffel naturreiner Bienenhonig

Zubereitung: Auf dem kochenden Wasserbad Kakaobutter und Lanolin schmelzen, dann das süße Mandelöl und den Honig dazugeben und alles bis zum Schmelzpunkt erwärmen. Vom Feuer nehmen und mit dem elektrischen Handrührmixer auf kleinster Stufe kalt rühren. In Cremetöpfchen abfüllen, kühl aufbewahren.

Anwendung und Wirkung: Das biologisch kostbare Augenfältchenöl ist ein ideales Pflegemittel für die Augenpartie. Man trägt das fein verstreichbare Öl hauchdünn auf. Es wird von der Haut sehr rasch aufgenommen und hinterläßt keinen öligen Glanz. Bei regelmäßiger Anwendung wirkt es beruhigend und glättend und arbeitet zunehmender Faltenbildung entgegen.

Das Augenfältchenöl ist gewiß ein guter Ersatz für so manche industriell gefertigte Augenfältchencreme. In vielen dieser Cremes sind Quellstoffe enthalten. Diese Mittel lassen die Haut um die Augen zwar vorübergehend aufquellen, so daß sie kurzfristig glatt und faltenfrei wirkt; jedoch wird die Dehnung der Poren auf lange Sicht eher zu einer Erschlaffung der empfindlichen Haut um die Augen führen. Auf der Verpackung solcher mit Quellstoffen versetzten Cremes heißt es für gewöhnlich, wenn man sie absetzt, dann läßt die Wirkung nach, woraus sich schon ergibt, daß das sogenannte Hautpflegemittel eher ein Aufputschmittel für die Haut ist.

Aprikosen-Augenfältchenöl

Zutaten
1 Kaffeelöffel Kakaobutter
10 g Lanolin anhydrid (1 gehäufter Kaffeelöffel)
50 g Aprikosenkernöl · 3 Tropfen Melissenöl

Zubereitung: Auf dem kochenden Wasserbad Kakaobutter und Lanolin schmelzen, dann das Aprikosenkernöl zugeben und alles auf 60 Grad erwärmen. Aprikosenkernöl eignet sich für das Augenfältchenöl besonders gut, weil es dünnflüssig ist und reizlos vertragen wird. Vom Feuer nehmen und mit dem elektrischen Handrührmixer auf kleinster Stufe mit dem Kaltrühren beginnen; sobald die Mischung nur noch handwarm ist, das Melissenöl zufügen und kalt rühren.

Anwendung und Wirkung: Das biologisch hochwertige Augenfältchenöl mit dem kostbaren Aprikosenkernöl ist die ideale Pflegekur für die Augenpartie bei trockener und alternder Haut. Das Öl dringt leicht in die Haut ein, hinterläßt keine Fettspuren und wird gut vertragen. Wer zu starker Fältchenbildung um die Augen neigt, sollte das Öl mehrmals täglich hauchdünn auftragen. Mit einem idealen pH-Wert von 5,5 entspricht das Augenfältchenöl dem natürlichen Säuremantel der Haut.

Regenerationscreme

Zutaten
10 g Lanolin anhydrid (1 gehäufter Kaffeelöffel)
20 g Aprikosenkernöl · 10 g Jojobaöl · 5 g Kakaobutter
5 g Bienenwachs · 40 g Orangenblütenwasser
4 Tropfen Orangenblütenöl

Zubereitung: Auf dem kochenden Wasserbad schmelzen Sie zuerst Lanolin, Bienenwachs und Kakaobutter. Sobald die Fettschmelze klar ist, geben Sie die zwei Pflanzenöle dazu und erwärmen alles auf 60 Grad. Inzwischen erwärmen Sie in einem feuerfesten Porzellantöpfchen auch das Orangenblütenwasser auf 60 Grad. Vom Feuer nehmen und mit dem Mixer das Orangenblütenwasser in die Fettschmelze rühren. Rühren, bis die Creme handwarm ist. Mit dem Orangenblütenöl parfümieren und dann in Cremetöpfchen abfüllen.

Anwendung und Wirkung: In dieser köstlich duftenden Regenerationscreme haben Sie die wertvollsten Öle zur Pflege trockener und alternder Haut. Die Creme verleiht Ihrer Haut sehr rasch Geschmeidigkeit und Elastizität, sie sättigt die Haut, reguliert ihren Wasserhaushalt und verfeinert das Hautbild. Tragen Sie die Creme hauchdünn auf, Sie können sie sowohl als Tages- und auch als Nachtcreme verwenden.

Jojoba-Creme

Zutaten
30 g Jojobaöl · 10 g Lanolin anhydrid
(1 gehäufter Kaffeelöffel)
3 g Kakaobutter · 3 g Bienenwachs
40 g Orangenblütenwasser · 3 Tropfen Orangenblütenöl

Zubereitung: Lanolin, Bienenwachs und Kakaobutter auf dem kochenden Wasserbad schmelzen. Nun das Jojobaöl hinzufügen und alles auf 60 Grad erwärmen. Inzwischen in einem feuerfesten Töpfchen auch das Orangenblütenwasser auf 60 Grad bringen. Vom Feuer nehmen und das Orangenblütenwasser mit dem Mixer in die Fettschmelze einrühren. Auf kleinster Stufe rühren, bis die Creme langsam abkühlt. Mit dem Orangenblütenöl parfümieren und weiter geduldig kalt rühren. In Töpfchen abfüllen.

Anwendung und Wirkung: Diese wohltuende Creme gehört zu den besten und empfehlenswertesten für trockene Haut. Fein aufgetragen, ist die Jojoba-Creme ebenso als Tages- wie als Nachtcreme vorzüglich geeignet. Sie macht die Haut weich und geschmeidig und verhilft bei regelmäßiger Anwendung zu einer sichtbaren Verbesserung des Hautbildes.

Aprikosen-Hautcreme

Zutaten

5 g Bienenwachs · 5 g Kakaobutter
10 g Lanolin anhydrid · 3 g Wollwachsalkohole
40 g Aprikosenkernöl · 40 g Rosenwasser
5 Tropfen Rosenöl oder Rosenholzöl

Zubereitung: Das Wachs zerschneiden und zusammen mit Lanolin, Kakaobutter und Wollwachsalkoholen auf dem kochenden Wasserbad schmelzen. Das Aprikosenkernöl zufügen und alles auf 60 Grad erwärmen. In der Zwischenzeit auch das Rosenwasser in einer feuerfesten Schüssel auf 60 Grad erwärmen. Nun rühren Sie die Flüssigkeit mit dem elektrischen Handrührmixer auf kleinster Stufe in die Schmelze ein. Parfümieren, ehe die Creme erkaltet ist. Nun kalt rühren und anschließend die Aprikosen-Hautcreme abfüllen.

Anwendung und Wirkung: Die Aprikosen-Hautcreme ist eine Wohltat für trockene und spröde Haut. Neben dem Jojobaöl, dem süßen Mandelöl und dem Avocadoöl zählt man das Aprikosenkernöl zu den besten Pflegemitteln für die Haut. Für die Pflege trockener und alternder Haut ist die Aprikosen-Hautcreme sehr zu empfehlen. Fein aufgetragen, kann man sie als Tages- und als Nachtcreme verwenden, so verhilft sie zu einer sichtbaren Verbesserung des Hautbildes.

Melissen-Creme

Zutaten

3 g Bienenwachs · 3 g Kakaobutter
3 g Wollwachsalkohole
5 g Lanolin anhydrid (½ Kaffeelöffel)
10 g Jojobaöl · 10 g süßes Mandelöl
10 g Weizenkeimöl · 40 g Rosenwasser
4 Tropfen Melissenöl

Zubereitung: Zuerst schmelzen Sie die ersten vier Zutaten auf dem kochenden Wasserbad. Sobald eine klare Fettschmelze entstanden ist, die Öle hinzufügen und alles auf 60 Grad bringen. Nun das Rosenwasser in einem Töpfchen ebenfalls auf 60 Grad erwärmen und anschließend mit dem elektrischen Handrührmixer auf kleinster Stufe in die Fettschmelze einrühren. Sobald die Creme handwarm abgekühlt ist, mit dem Melissenöl parfümieren. In Cremetöpfchen abfüllen.

Anwendung und Wirkung: Hier ist das Rezept der schon klassischen Melissen-Creme, die sich bestens zur Pflege der trockenen und alterndern Haut eignet. Sie enthält wertvolle Öle und Fette in hautverträglicher Form, sie führt der Haut die benötigte Feuchtigkeit in angenehmster Weise zu. Das Weizenkeimöl enthält Hautvitamine, welche die Haut zart und geschmeidig machen, das Jojobaöl gehört ebenfalls zu den hautglättenden und schützenden natürlichen pflanzlichen Ölen. Als Tages- und als Nachtcreme kann man die Melissen-Creme gut verwenden.

Kamillen-Creme

Zutaten

5 g Bienenwachs · 15 g Lanolin anhydrid (1½ Kaffeelöffel)
5 g Kakaobutter · 40 g Kamillen-Ölauszug
5 Tropfen Kamillen-Tinktur · 40 g Orangenblütenwasser
½ Kaffeelöffel reiner Bienenhonig

Zubereitung: Schmelzen Sie zuerst die ersten drei Zutaten auf dem kochenden Wasserbad. Dann fügen Sie den Kamillen-Ölauszug (siehe Seite 63) hinzu und erwärmen alles auf 60 Grad. Inzwischen erwärmen Sie das Orangenblütenwasser, das Sie mit der Kamillen-Tinktur vermischt haben, fügen den Bienenhonig zu und bringen die Mischung ebenfalls auf 60 Grad. Die Fettschmelze vom Feuer nehmen und die Flüssigkeit mit dem Handrührmixer auf kleinster Stufe einrühren. Geduldig rühren, bis die Creme erkaltet. In Cremetöpfchen abfüllen.

Anwendung und Wirkung: Für nervöse, trockene, leicht reizbare Haut ist die Kamillen-Creme zu empfehlen. Sie wirkt nicht nur pflegend, sondern gleichzeitig beruhigend und mild entzündungshemmend auf die Haut ein. Tragen Sie die Creme dünn auf, so können Sie sie als Tages- und als Nachtcreme verwenden.

Für fette, unreine und großporige Haut

Traubenkern-Hautcreme

Zutaten
5 g Bienenwachs · 15 g Lanolin anhydrid
(1½ gehäufte Kaffeelöffel)
40 g Traubenkernöl · 40 g Pfefferminzwasser oder
Krauseminzwasser · 3 Tropfen Pfefferminzöl

Zubereitung: Das Bienenwachs auf dem kochenden Wasserbad schmelzen, Lanolin zufügen und weiterschmelzen. Sobald die Fettschmelze klar ist, das Traubenkernöl hinzufügen und alles auf 60 Grad erwärmen. Das Pfefferminzwasser in einem kleinen Töpfchen ebenfalls auf 60 Grad erwärmen. Die Fettschmelze vom Feuer nehmen und das erwärmte Pfefferminzwasser mit dem elektrischen Handrührmixer einrühren. Sobald die Mischung handwarm ist, das Pfefferminzöl einträufeln und weiterrühren, bis die Creme erkaltet ist. In Cremetöpfchen abfüllen.

Anwendung und Wirkung: Die herrlich nach Pfefferminze duftende Creme läßt sich leicht verstreichen und kann als Tages- und als Nachtcreme verwendet werden. Man trägt die Creme hauchdünn auf und nimmt nach einigen Minuten Einwirkungszeit die überschüssigen Reste mit einem weichen Papiertüchlein ab. Gerade bei fetter, unreiner Haut soll kein Fett auf der Haut stehen bleiben. Das vitaminreiche Traubenkernöl ist hier mit dem erfrischenden, klärenden Pfefferminzwasser und dem sanft antiseptischen Pfefferminzöl in einer schönen Kombination zur Pflege der fetten und unreinen Haut vereint.

Pfefferminz-Creme

Zutaten
10 g Lanolin anhydrid (1 gehäufter Kaffeelöffel)
5 g Kakaobutter · 4 g Bienenwachs · 40 g Avocadoöl
40 g Pfefferminzwasser oder Krauseminzwasser
3 Tropfen Pfefferminzöl

Zubereitung: Die ersten drei Zutaten auf dem kochenden Wasserbad schmelzen. Nun das Avocadoöl dazugeben und auf 60 Grad erwärmen. Daneben das Pfefferminzwasser ebenfalls auf 60 Grad erwärmen. Mit dem Handrührmixer auf kleinster Stufe in die Fettschmelze einrühren. Sobald die Creme handwarm abgekühlt ist, das Pfefferminzöl einträufeln. Pfefferminzöl ist sehr intensiv, sowohl in seinem Geruch wie in seiner Wirkung, deshalb sollte man vorsichtshalber das Öl mit einer kleinen Pipette einträufeln. Weiterrühren, bis die Creme erkaltet, in Cremetöpfchen abfüllen.

Anwendung und Wirkung: Bedingt durch ihren Gehalt an wertvollem Avocadoöl – das reichlich Vitamin A enthält – und dem heilwirksamen Pfefferminzwasser und Pfefferminzöl ist diese feine Creme eine Wohltat für schlecht durchblutete, unreine und großporige Haut. Tragen Sie die

Creme hauchdünn auf, und nehmen Sie überschüssige Fettspuren nach kurzer Einwirkungszeit ab. Als Tages- und als Nachtcreme ist die Pfefferminz-Creme gut zu verwenden.

Kampfer-Creme

Zutaten
5 g weißes Wachs · 20 g süßes Mandelöl
3 g Wollwachsalkohole
1 g Kampfer (ein paar Körnchen)
20 g destilliertes Wasser

Zubereitung: Auf dem kochenden Wasserbad zuerst das weiße Wachs schmelzen, dann Wollwachsalkohole, Mandelöl und Kampferkörnchen zufügen. Auf 60 Grad erwärmen. Nun das destillierte Wasser auf die gleiche Temperatur bringen. Anschließend rührt man die Flüssigkeit mit dem elektrischen Handrührmixer unter die geschmolzene Mischung, bis die Creme erkaltet. Dann in Cremetöpfchen abfüllen.

Anwendung und Wirkung: Die sahnige Creme eignet sich besonders zur Pflege unreiner Hautstellen. Der Zusatz von Kampfer hat vor allem durchblutende, entzündungshemmende und antiseptische Eigenschaften. Die fein verstreichbare Creme wird hauchdünn aufgetragen und der Überschuß nach kurzer Einwirkungszeit mit einem Papiertüchlein entfernt. Bald sollte sich eine Besserung des Hautbildes zeigen, und die Hautunreinheiten sollten allmählich abklingen.

Zu beachten ist, daß Kampfer ›zieht‹, das heißt, er zieht auch Unreinheiten aus den Poren, wobei der Eindruck entstehen mag, die Haut fange nun erst richtig an zu blühen; mit etwas Geduld wird man diese kurze Zeit überstehen, weil man weiß, daß die Unreinheiten danach zum Abklingen kommen.

Thymian-Creme

Zutaten
30 g Thymian-Ölauszug · 10 g Lanolin anhydrid
(1 gehäufter Kaffeelöffel)
5 g Bienenwachs · 5 g Kakaobutter · 40 g Hamameliswasser
3 Tropfen Thymianöl

Zubereitung: Lanolin, Bienenwachs und Kakaobutter auf
dem kochenden Wasserbad schmelzen. Dann den Thymian-
Ölauszug (siehe Seite 91) zufügen und alles auf 60 Grad
erwärmen. Inzwischen das Hamameliswasser in einem
feuerfesten Porzellantöpfchen ebenfalls auf 60 Grad erwärmen. Die Fettschmelze vom Feuer nehmen und das Hamameliswasser mit dem elektrischen Handrührmixer auf
kleinster Stufe einrühren. Sobald die Creme handwarm ist,
vorsichtig das Thymianöl einträufeln. Langsam weiterrühren, bis die Creme erkaltet. In Cremetöpfchen abfüllen und
kühl lagern.

Anwendung und Wirkung: Zur Pflege unreiner, fetter und
Akne-Haut ist die Thymian-Creme gut geeignet. Die leicht
verstreichbare, aromatisch duftende Creme wirkt klärend
und sanft desinfizierend auf die Haut. Bei regelmäßiger
Anwendung heilt sie unreine Hautstellen ab. Dünn aufgetragen, kann man sie als Tages- und als Nachtcreme verwenden.

Arnika-Creme

Zutaten
20 g Arnika-Ölauszug · 10 g Weizenkeimöl
10 g Lanolin anhydrid (1 gehäufter Kaffeelöffel)
10 g süßes Mandelöl · 5 g Bienenwachs
5 g Kakaobutter · 40 g Hamameliswasser
4 Tropfen Rosmarinöl

Zubereitung: Den Arnika-Ölauszug erhält man in der Apotheke unter der lateinischen Bezeichnung *Oleum Arnicae infusum,* selbst kann man den Auszug wie auf Seite 43 beschrieben zubereiten. Lanolin, Bienenwachs und Kakaobutter auf dem kochenden Wasserbad schmelzen. Nun die Öle hinzufügen und alles auf 60 Grad erwärmen. Daneben in einem Extra-Töpfchen das Hamameliswasser auf 60 Grad bringen. Vom Feuer nehmen. Unter stetigem Rühren mit dem Rührmixer wird nun das Hamameliswasser in die geschmolzenen Fette gerührt. Mit dem elektrischen Handrührmixer auf kleinster Stufe rühren, bis die Creme langsam abkühlt. Mit Rosmarinöl parfümieren. Weiterrühren, bis die Creme erkaltet.

Anwendung und Wirkung: Arnika gilt als klassisches Heilmittel bei unreiner, fetter und großporiger Haut. Die angenehm duftende goldgelbe Arnika-Creme mit ihren heilenden und klärenden Substanzen wirkt entzündungshemmend und durchblutungssteigernd. Als Tages- und als Nachtcreme gut zu gebrauchen.

REZEPTE
FÜRS BADEN UND DUSCHEN

Ein Bad oder die Dusche gehört so selbstverständlich zu unserer täglichen Hygiene wie das Zähneputzen. Die Haut wird nicht nur schmutzig durch Staub und Schmutzpartikel aus der Luft oder durch den Kontakt mit verschmutzten Gegenständen. Die Haut selbst produziert Schweiß und Fett, sie stößt Hornschüppchen ab, und dieses Gemisch aus Schmutz, Fett, Hornpartikeln und Schweiß muß täglich mit Wasser und geeigneten Reinigungsmitteln entfernt werden.

Wenn auch das Baden und das Duschen den gleichen Zweck erfüllen, nämlich die Haut zu reinigen, so ist doch die Wirkung auf den Organismus unterschiedlich. Während das Duschbad vor allem anregend wirkt, verhilft das Bad in der Wanne zu wohltuender Entspannung. In einem duftenden, wohltemperierten Wannenbad zu sitzen und zu fühlen, wie der Körper im warmen Wasser entspannt, bedeutet schon viel mehr als bloße Körperreinigung. Besonders am Abend ist es schön, ein wohlriechendes Bad zu nehmen und die Hektik des Tages dabei abklingen zu lassen. Die günstigste Temperatur für ein erholsames Wannenbad liegt bei 37 Grad. Länger als eine Viertelstunde sollte das Bad nicht dauern. Seit alters gibt man dem heißen Badewasser duftende Zusätze bei, um dem Bad einen angenehmen Duft zu verleihen, die Haut zu pflegen oder um bestimmte heilende oder pflegende Wirkungen damit zu verbinden.

Kräuter- und Blütenbäder

In der Badekultur spielt die gute Wirkung der Heilkräuter eine wichtige Rolle. Auch in neuerer Zeit haben die Kräuterzusätze nicht an Bedeutung verloren, in der Naturkosmetik bilden Heilkräuter nach wie vor die Grundlage aller Schönheitspflege. Während des Bades in duftenden Kräutern werden bestimmte Substanzen der Pflanzen von der Haut resorbiert, sie gelangen in die Blut- und die Lymphbahnen und können hier ihre spezifische Wirkung entfalten. Die pflanzlichen Wirkstoffe durchdringen teilweise die Hautbarriere, werden in den Zellstoffwechsel integriert und so in den Kreislauf eingeschleust. Die Ausscheidung dieser Stoffe erfolgt durch Urin, Schweiß und Atem.

Das Kräuterbad können Sie auf verschiedene Weise herstellen, wobei selbstverständlich auch die Menge der Kräuter variieren mag.

* Generell rechnet man für ein Vollbad 250 g getrocknete Kräuter. Mit dieser Menge erreichen Sie die volle Wirkung eines Kräuterbades. Wenn Sie nur ein leichtes, duftendes Bad nehmen wollen, genügen 100 g getrocknete Kräuter für ein Bad.

Der Kräuterzusatz läßt sich auf zweierlei Weise zubereiten:

* Sie können eine Abkochung herstellen, das heißt, die getrockneten Kräuter werden in eine ausreichende Menge siedendes Wasser gegeben, umgerührt, und bei kleinster Flamme 20 Minuten ganz schwach ziehen lassen. Anschließend wird die Flüssigkeit abgeseiht und dem Badewasser zugesetzt.

* Die zweite Art der Vorbereitung ist weniger aufwendig und zeitraubend. Dazu füllt man ein Leinensäckchen oder einen ausgedienten Perlonstrumpf mit den trockenen Kräutern, bindet das Kräutersäckchen mit einer Schnur zu und legt es in die trockene Badewanne. Nun lassen Sie heißes Wasser einlaufen, bis die Wanne voll ist. Während des Badens drücken Sie das Kräutersäckchen mehrmals kräftig aus. Nach dem Bad kann man das Kräutersäckchen wegwerfen, denn die Reinigung ist zeitraubend und aufwendig.

Kräuterzusätze

HEUBLUMEN-BAD Das Heublumenbad gilt vor allem als stoffwechselanregendes Bad. Die getrockneten Heublumen aus der Kräuterhandlung werden entweder in den Kräutersack gefüllt, oder es wird eine Abkochung daraus hergestellt. Das Bad wirkt vor allem krampflösend, es beseitigt Gewebestauungen und wirkt gut bei beginnender Grippe. Nach dem Bad sollte man sich gleich in eine warme Decke wickeln und schwitzen.

HOPFENBLÜTEN-BAD   Das Hopfenblütenbad ist ein ideales Bad für alle, die schlecht schlafen; es ist der beste Ersatz für die Schlaftablette, es stärkt und beruhigt die Nerven. Die Menge der getrockneten Hopfenblüten wird je nach Bedarf eingesetzt. Will man ein richtiges Einschlafbad nehmen, stellt man eine Abkochung – oder ein Kräutersäckchen – aus 250 g Blüten her. Das Badewasser sollte nicht zu heiß sein!

KAMILLEN-BADECOCKTAIL   Hierzu braucht man 100 g Kamillenblüten, 50 g Rosenblütenblätter, 50 g Lavendelblüten und 1 Tasse Bienenhonig. Die Heilkräuter werden in das Badesäckchen gefüllt und während des Badens im heißen Wasser gut ausgedrückt. Bienenhonig dem heißen Badewasser zugeben, in dem er sich völlig auflöst. Ein herrlich schönheitsförderndes Bad, es wirkt hautglättend, durchblutungssteigernd und porenreinigend.

KLEIE-BAD   Das Säckchen Weizenkleie hing zu Großmutters Zeiten fast in jeder Badewanne. Dem Kleiebad sprach man zahlreiche gute Wirkungen zu – es reinigt, erfrischt, ist gut gegen kleine Hautentzündungen, es macht die Haut zart und weich. Für ein Kleiebad braucht man 250 g Weizenkleie. Man kann sie ins Badesäckchen füllen und im heißen Badewasser ausdrücken. Das Kleiebad ist auch für die Badepflege von Kindern geeignet und in entsprechend geringer Dosierung auch für das Babybad.

LAVENDEL-BAD   Die duftenden Lavendelblüten ergeben ein köstliches Bad, ausgelöst durch den reichen Gehalt an ätherischen Ölen in der Lavendelblüte. Das Bad wirkt gleichermaßen entspannend wie krampflösend und auch erfrischend.

MELISSEN-BAD   Für das ungemein entspannende Melissenbad kann man entweder die getrockneten Melissenblätter oder die frische Zitronenmelisse aus dem Garten nehmen.

Das Bad verströmt einen belebenden, feinen, angenehm zitronenähnlichen Duft. Zu empfehlen ist das Melissenbad bei Nervosität, gegen Verkrampfungen und bei Menstruationsbeschwerden.

PFEFFERMINZ-BAD Dieses Baderezept ist besonders für die heiße Jahreszeit geeignet, da es erfrischt, den Kreislauf belebt und gleichzeitig die Poren reinigt. Man nimmt dazu drei Handvoll getrockneter Pfefferminze, zwei Handvoll getrockneten Rosmarin und den Saft von vier Zitronen. Die Kräuter füllt man ins Kräutersäckchen, die Zitronen preßt man aus und gibt anschließend den Saft in das heiße Badewasser.

ROSENBLÜTEN-BAD Rosenblüten sind reich an heilkräftigen Substanzen, wie Gerbstoffe, Fett, Zucker, Zitronensäure und ätherische Öle. Füllen Sie die getrockneten Rosenblütenblätter in ein Badesäckchen und drücken Sie das Säckchen kräftig im heißen Wasser aus. Geben Sie eine Tasse Bienenhonig ins Badewasser, falls Ihre Körperhaut trocken und spröde ist. Das Rosenbad wirkt belebend, erfrischend und tonisierend.

ROSMARIN-BAD Füllen Sie das Badesäckchen mit dem würzig duftenden Rosmarin oder bereiten Sie eine Abkochung. Das Rosmarinbad regt den Kreislauf an, hebt den Blutdruck, steigert die Durchblutung und macht beschwingt und munter. Man sollte es deshalb nicht vor dem Schlafengehen nehmen.

SCHÖNHEITSBAD Zu diesem erfrischenden, duftenden Bad braucht man drei Handvoll Rosmarin, eine Handvoll Rosenblätter, eine Handvoll Lavendelblüten und eine Tasse Bienenhonig. Die Kräuter ins Badesäckchen füllen und im heißen Wasser kräftig ausdrücken. Den Honig im heißen Badewasser auflösen. Ein schönes Bad zur Belebung und auch gegen trockene Körperhaut.

Badeöl-Grundrezept

Zutaten
70 g Pflanzenöl · 20 g Parfümöl nach Wahl
10 g Tween 80

Dosierung pro Bad: 1 Eßlöffel der fertigen Mischung

Zubereitung: Jedes kaltgepreßte Pflanzenöl, das Sie für die Einarbeitung in Naturkosmetika verwenden, ist für die Zubereitung des Badeöls geeignet, etwa Avocadoöl, süßes Mandelöl, Pfirsichkernöl. Zur Parfümierung Ihres Badezusatzes sollten Sie eine Duftnote wählen, die Ihrer Nase am sympathischsten ist. Naturreine ätherische Öle oder synthetische Öle, wie sie nachfolgend beschrieben werden, kann man für die Parfümierung des Badeöls gebrauchen. Suchen Sie sich aus den nachfolgend genannten Duftnoten Ihr Parfümöl aus. Schon ein Eßlöffel der fertigen Duftmischung genügt, um Ihrem Bad einen angenehmen, wohltuenden Duft zu verleihen.

Anwendung und Wirkung: Ein duftendes Ölbad wirkt Wunder – auf die Haut und auf das Gemüt. Der Duft des Badeöls in der Wanne erfreut die Sinne und pflegt die Haut. Sie wird weich und zart, verlangt kein Eincremen nach dem Bad, und das Ölbad wärmt die Haut, auch wenn man frierend in die Wanne steigt.

Badesalz-Grundrezept

Zutaten
500 g Küchensalz · 20 g Alkohol (70%)
2 Kaffeelöffel Parfümöl nach Wahl

Dosierung pro Bad: 1 Tasse der fertigen Mischung

Zubereitung: Geben Sie das Küchensalz in eine entsprechend große Porzellanschüssel. Das Parfümöl im Alkohol lösen und nun die Flüssigkeit langsam und portionsweise mit einem Kochlöffel unter das Salz heben. Sobald alles gründlich unterrührt ist, lassen Sie die Schüssel noch eine Weile unbedeckt stehen, damit der Alkohol verdunsten kann. In eine hübsche, gut verschließbare Flasche mit breiter Öffnung abfüllen.

Auch hier haben Sie wieder eine große Auswahl unter den im Anschluß genannten echten oder synthetischen Parfümölen, um dem Badesalz einen angenehmen Duft zu verleihen. Suchen Sie sich ihre Lieblingsduftnoten aus, und stellen Sie Badeöle und Badesalze in der gleichen Duftmischung zusammen, sonst entsteht ein Duftsalat.

Anwendung und Wirkung: Eine Tasse Badesalz in der Wanne reicht schon aus, um dem Bad einen angenehmen Duft zu verleihen. Je nach Wahl der Duftnoten entfalten die Parfümöle ihre spezifische Wirkung.

Hydrophiles Duschöl – Grundrezept

Zutaten
90 g Pflanzenöl · 1 Kaffeelöffel Parfümöl nach Wahl
10 g Tween 80

Zubereitung: Suchen Sie sich aus den nachfolgenden Duftnoten Ihr Parfümöl aus. Pflanzenöl, Parfümöl und Tween vermischen und einmal kräftig durchschütteln. Alle kaltgepreßten Pflanzenöle sind für die Zubereitung des hydrophilen Duschöls geeignet: Avocadoöl, Mandelöl, Sonnenblumenkernöl, Pfirsichkernöl oder Traubenkernöl.

Anwendung und Wirkung: Das Duschöl wird in die *nasse* Körperhaut massiert: einmal kurz duschen, dann das hydrophile Duschöl gleichmäßig einmassieren und nun gründlich duschen. Das duftende, wasserlösliche Öl ist hervorragend für die Körperpflege geeignet, es hinterläßt einen unsichtbar feinen Ölfilm auf der Haut, der aber keineswegs unangenehm oder gar klebrig wirkt. Das Duschöl ist zur täglichen Körperpflege gut geeignet.

Parfümöle für die
Zubereitung von Badeölen, Badesalzen
und Duschölen

APFELSINENSCHALENÖL Es riecht fruchtig nach Orangen
und wirkt erfrischend auf die Atmung. Sie können es auch
zu gleichen Teilen mit Zitronenöl vermischen. Ideal für den
Sommer, als Badezusatz oder im hydrophilen Duschöl.

EDELTANNENÖL Das Öl gehört zu den Klassikern unter
den Badezusätzen. Duftet erfrischend nach Tannen, wirkt
aktivierend und belebend als Badezusatz.

EUKALYPTUSÖL Der aus der Wanne aufsteigende Eukalyp-
tusdampf hilft gegen Schnupfen und Erkältungskrankheiten. Für Badeöl und Badesalz geeignet.

FENCHELÖL Der würzige Fenchelduft erinnert an Anis;
wirkt befreiend auf die Atmung, ist erfrischend und belebend. Ein idealer Badezusatz, wenn man sich nach einem
langen Arbeitstag schnell wieder munter fühlen will.

FLIEDERÖL Der zarte Fliederduft wirkt stimulierend. Als
Badezusatz und für die Herstellung von Duschöl geeignet.

GERANIUMÖL Duftet etwas süß und schwer und ergibt in
der Duftmischung mit Rosenöl und Vetiveröl einen köstlichen Badezusatz.

LAVENDELBLÜTENÖL Erfrischend und belebend ist der zarte
Lavendelduft. Als Zusatz zu Badeöl, Badesalz und Duschöl
geeignet.

LATSCHENKIEFERNÖL Der angenehm balsamische Duft befreit die Atmung und beugt als Badezusatz Erkältungskrankheiten vor. Wirkt durchblutungssteigernd.

LEMONGRASÖL   Duftet zitronenartig und ist erfrischend. Kinder schätzen ein Bad mit diesem Zusatz; sie mögen auch das hydrophile Duschöl, denn sein Duft erinnert sie an Limonade.

MANDARINENÖL   Ähnlich wie Apfelsinenschalenöl, angenehm fruchtig. Läßt sich gut mit Zimtöl zu gleichen Teilen vermischen. Als Badezusatz und im Duschöl verwendbar.

MELISSENÖL   Sowohl das Bad wie auch das hydrophile Duschöl mit Melisse wirken entspannend und krampflösend; gut für nervöse Menschen geeignet.

ROSENHOLZÖL   Gibt einen köstlichen Duft, nicht so süß und schwer wie Rosenöl, sondern würzig und belebend; für das Bad oder im Duschöl geeignet.

ROSENÖL   Das synthetische Rosenöl ergibt einen sehr blumigen Duft. Läßt sich gut vermischen mit ergänzenden Duftnoten, etwa mit Zitrone und Zimt oder Petitgrain. Als Badezusatz üppig, wohlriechend.

ROSMARINÖL   Rosmarin gehört zu den belebenden Heilpflanzen; ein Bad mit Rosmarinöl macht beschwingt und munter, und auch im Duschöl wirkt Rosmarin belebend.

SANDELHOLZÖL/SANTALIÖL   Damit kann man ein würzig duftendes Bad und auch ein würzig duftendes Duschöl machen. Wird von Männern geschätzt.

VEILCHENÖL   Süß und schwer ist der Duft des Veilchenbades; als Badezusatz gut zu kombinieren mit Zitrone, Ylang-Ylang, Orangenblütenöl.

VETIVERÖL   Herb und holzig duftet das Vetiveröl, das sich als Badezusatz gut mit blumigeren Duftnoten vermischen läßt, etwa mit Rosenöl, Petitgrain oder Veilchen.

WACHOLDERHOLZÖL Würzig, herb duftet das Wacholderholzöl. Es läßt sich gut mit Vetiver, Santali, Rosenholz, Zimt vermischen. Als Badezusatz und im Duschöl gut zu verwenden. Wird von Männern geschätzt.

ZYPRESSENÖL Chypre ist ein bekannter Duft, und aromatisch wie die Zypressen duftet auch das balsamische Bad mit Zypressenöl. Wirkt belebend und anregend.

Duftendes Essigbad – Grundrezept

Zutaten

1 Liter Obstessig · 1 Handvoll Pflanzenteile
2 Kaffeelöffel Parfümöl

Dosierung pro Bad: ¼ Liter der fertigen Mischung

Zubereitung: Füllen Sie die getrockneten Pflanzenteile duftender Blüten, Blätter oder Schalen in eine Flasche mit breiter Öffnung. Geben Sie den Essig darüber und träufeln Sie das Parfümöl ein. Einmal kräftig durchschütteln. Gut verschließen und an einem warmen Platz im Haus stehen lassen. Danach seihen Sie den duftenden Essig ab und drücken dabei die Pflanzenrückstände kräftig aus. Durch Kaffeefilterpapier klarfiltern. Hier einige Vorschläge für die Auswahl der Duftnoten:

hauchfein abgeschnittene, getrocknete Orangenschalen	Apfelsinenschalenöl, Orangenblütenöl
hauchfein abgeschnittene, getrocknete Zitronenschale	Zitronenöl, Lemongrasöl
getrocknete Mandarinenschale	Mandarinenöl
Rosenblütenblätter	Rosenöl, Rosenholzöl
Lavendelblüten	Lavendelöl
Rosmarin	Rosmarinöl

Anwendung und Wirkung: Diese Bäder wirken vor allem erfrischend, reinigend und adstringierend. Sie sind sanft desinfizierend und regenerieren den Hautsäuremantel; zur Behandlung fetter und unreiner Körperhaut sind sie gut geeignet. Auch als Zusatz zum erfrischenden Fußbad kann man den duftenden Essig gebrauchen.

Milchbäder

Buttermilchbad

Auf die hautverschönernde Wirkung der Buttermilch schwören viele alte Baderezepte. Zum Buttermilchbad braucht man drei Liter Buttermilch auf eine volle Wanne Wasser. Man schüttet die Milch ins Wasser. Das Bad mit Buttermilch wirkt erfrischend, es hilft die Körperhaut zu regenerieren und macht sie weich und zart.

Honigmilchbad

Dieses alte Rezept stammt aus dem 17. Jahrhundert und wurde von jenen Damen erfunden, die sich eine Haut wie Milch und Honig erhalten wollten. Man braucht dazu drei Liter Vollmilch und eine Kaffeetasse voll Bienenhonig. Beides wird dem heißen Badewasser zugesetzt. Der Honig löst sich im heißen Wasser auf, er verströmt einen angenehmen Duft und glättet die Haut. Das Honigmilchbad ist vor allem bei trockener Körperhaut zu empfehlen.

Milchpulverbad

Wenn Sie keine frische Milch im Haus haben, können Sie auch Milchpulver ins Badewasser geben. Lösen Sie das Milchpulver nach Vorschrift auf, um damit drei Liter Milch zu gewinnen. Auch mit Milchpulver können Sie das genannte Honigmilchbad zubereiten.

KÖRPERPFLEGEMITTEL, HAND- UND FUSSPFLEGEMITTEL

Nach dem Bad oder der Dusche ist die Körperhaut besonders aufnahmebereit für die pflegenden Mittel der Naturkosmetik. Welche Mittel Sie wählen, hängt davon ab, welchen Zweck Ihr Pflegeprogramm erfüllen soll. Bei trockener, spröder Körperhaut hilft Ihnen eine Körperpackung, eine Massage mit Body-Soft oder mit köstlich duftendem Massageöl. Bei unreiner und fetter Körperhaut werden Sie die duftenden Körperessige gerne verwenden. Verbinden Sie die Anwendung immer mit einer gründlichen Körpermassage.

Massieren Sie die Haut sanft, immer von unten nach oben, von den Füßen aufwärts zur Herzgegend. Gehen Sie dabei verschwenderisch mit Ihren Schönheitsmitteln um. Die erstklassigen Körperpflegemittel aus natürlichen Rohstoffen kosten nicht viel, und man kann sich den üppigen Umgang mit Ihnen durchaus leisten.

Für den täglichen Bedarf an erfrischenden Deodorantien finden Sie zahlreiche Rezepte, die mild und reizlos desinfizieren. Mit Hilfe dieser Mittel werden Sie gewiß den Tag über frisch bleiben und gerne auf die radikalen Schweißstopper des Industrieangebots verzichten. Denn zu den Verursachern von Allergien kann man fast alle chemischen Desinfektionsmittel in Kosmetika zählen. Die Vorboten der Sensibilisierung sind häufig Juckreiz, Brennen der Haut, örtliche Entzündungen. Bei der Anwendung von Geruchs- und Schweißhemmern empfinden es viele Menschen als normal, wenn es juckt und brennt oder andere Hautirritationen auftreten. Oft lösen die eingesetzten Schweißstopper – das sind hauptsächlich Aluminiumsalze der Salzsäure und der Schwefelsäure – solche Irritationen aus. Aluminium-Chlor-Hydrat beispielsweise verringert die Schweißabsonderung um etwa 50 Prozent. Wie es diese Wirkung erzielt, bleibt sogar in der Fachwelt umstritten. Einmal heißt es, die Schweißdrüsenöffnungen würden durch die Salze verstopft, andere Wissenschaftler meinen, unter dem Einfluß der Aluminium-Verbindungen würden bestimmte Eiweißstoffe gerinnen, wieder andere Fachleute glauben, daß mikroskopisch kleine Hautentzündungen das Schließen der Poren bewirken.

Durch die Anwendung der Schweißhemmer finden drastische Eingriffe in die natürlichen Körperfunktionen statt. Denn welche Theorie auch immer zutreffen mag, eines ist ganz sicher: Der Schweiß wird im Körperinnern gestaut und dadurch am natürlichen Austreten gehindert. Bedenkt man, daß der gesunde Organismus über die Schweißdrüsen seine Entgiftung reguliert, so ist es geradezu grotesk, den Körper am Ausscheiden der Giftstoffe durch Chemie zu hindern.

Körperpackung

Zutaten
1 Eigelb · 1 Spritzer Zitronensaft
4 Eßlöffel süßes Mandelöl · 4 Eßlöffel Avocadoöl
2 Eßlöffel Weizenkeimöl · ½ Kaffeelöffel Obstessig
4 Tropfen Melissenöl

Zubereitung: Schlagen Sie das Eigelb in eine kleine Porzellanschale. Die Pflanzenöle – mit Ausnahme des Melissenöls – langsam unterrühren, so daß eine glatte, feste Mayonnaise entsteht. Dann Zitronensaft, Obstessig und Melissenöl unterrühren.

Anwendung und Wirkung: Wer je eine Schönheitsfarm besucht hat, wird die Körperpackungen schätzen gelernt haben, die man zur allgemeinen Hautpflege einmal pro Woche anwendet. Im Gegensatz zur Gesichtspackung soll die Körperpackung möglichst über Nacht einwirken und nicht mehr abgewaschen werden.

Mit der schönen goldgelben Mayonnaise reibt man den ganzen Körper vom Hals bis zur kleinen Zehe ein. Nun wickelt man sich in ein Leintuch und legt sich ins Bett. Am nächsten Tag ist die Haut zart und weich, glatt und geschmeidig. Insbesondere für trockene Körperhaut zu empfehlen!

Kamillen-Körperpackung

Zutaten
1 Eigelb · 1 Spritzer Zitronensaft
50 g Kamillen-Ölauszug · 10 Tropfen Kamillen-Tinktur

Zubereitung: Das Eigelb in eine kleine Porzellanschale schlagen. Nun tropfenweise den Kamillen-Ölauszug (siehe Seite 63) unterrühren, bis eine glatte, feste Mayonnaise entstanden ist. Nun Zitronensaft und dann Kamillen-Tinktur unterrühren und glattrühren.

Anwendung und Wirkung: Die Kamillen-Körperpackung eignet sich vor allem zur Behandlung trockener, spröder und leicht entzündlicher Körperhaut. Bei Hautunreinheiten am Rücken und an den Oberarmen, wie sie häufig bei Jugendlichen auftreten, kann man sie anwenden, auch für trockene und spröde Haut an den Beinen und den Armen ist die Packung geeignet. Sie läßt sich partiell auf diese Hautpartien auftragen und als Ganzkörperpackung gut verwenden. Sie macht die Haut zart und weich und kann beliebig oft angewendet werden.

Aprikosen-Body-Soft

Zutaten
10 g Lanolin anhydrid (1 Kaffeelöffel)
10 g Kakaobutter
60 g Aprikosenkernöl · 20 g süßes Mandelöl
Parfümöl nach Bedarf

Zubereitung: Lanolin und Kakaobutter auf dem Wasserbad schmelzen. Dann die beiden Öle hinzufügen und so lange weiterwärmen, bis eine klare Fettschmelze entstanden ist. Vom Feuer nehmen und mit dem Kochlöffel umrühren. Bevor die Mischung erkaltet, Parfümöl einrühren. In eine Flasche abfüllen.

Für die Parfümierung wählen Sie am besten eine der Duftnoten, die Sie auch für Ihren Badezusatz oder den Körperessig verwenden. Es eignen sich Duftnoten wie Rose, Rosmarin, Rosenholz, Melisse. Nehmen Sie nur ein paar Tröpfchen davon, das reicht aus, dem Aprikosen-Body-Soft einen angenehmen Duft zu verleihen.

Anwendung und Wirkung: Aprikosenkernöl und süßes Mandelöl gehören zu den am intensivsten hautpflegenden Ölen in der Naturkosmetik. Insbesondere für trockene Haut sind sie geeignet, denn die kostbaren Pflanzenöle machen die Haut babyzart, sie kleben nicht und verbinden sich außerdem rasch mit dem natürlichen Hautfett, wenn man sie dünn aufträgt. Die beste Wirkung erzielt man nach einem warmen Bad oder nach der Dusche, wenn die Körperhaut noch erwärmt ist. Durch den Kontakt mit der warmen Körperhaut entfaltet auch das Parfümöl seinen angenehmen Duft.

Massageöle

Zutaten

I
1 Teil süßes Mandelöl · 1 Teil Avocadoöl

II
1 Teil Traubenkernöl · 1 Teil Sesamöl

III
1 Teil Pfirsichkernöl · 1 Teil süßes Mandelöl

IV
1 Teil Aprikosenkernöl · 1 Teil Weizenkeimöl

Hier ist eine kleine Auswahl von Massageölen, die sich für die Körpermassage ausgezeichnet eignen. Die Öle sind besonders leichtflüssig, lassen sich daher gut verteilen, sie sind nicht klebrig und gut haltbar.

Die in den Ölen enthaltenen ungesättigten Fettsäuren und Vitamine bringen rauhe und schuppige Hautstellen zum Verschwinden und beugen auch frühzeitiger Faltenbildung vor, sie halten die Haut weich und geschmeidig. Wenn Sie Freude an duftenden Massageölen haben, setzen Sie Ihrem Öl noch ein Tröpfchen Parfümöl zu. So wird die Massage zum Vergnügen; falls Sie regelmäßig zur Massage gehen, nehmen Sie das eigene Massageöl mit. Bei Massagen wird fast immer Massageöl auf Mineralölbasis verwendet, das sich für die eigentliche Hautpflege nicht unbedingt eignet. Man bevorzugt es, weil die Hand des Masseurs damit gut gleitet, und vor allem weil es billig ist.

Duftendes Massageöl

Zutaten
50 g Pfirsichkernöl · 50 g Traubenkernöl
50 g süßes Mandelöl · 10 g Lanolin anhydrid
(1 gehäufter Kaffeelöffel) · Parfümöl

Zubereitung: Zuerst schmelzen Sie das Lanolin auf dem kochenden Wasserbad. Nun die Pflanzenöle dazugeben und die Mischung leicht erwärmen. Sobald eine klare Fettschmelze entstanden ist, vom Feuer nehmen. Abkühlen lassen und parfümieren.

Bei der Auswahl der Parfümierung gilt wieder die Regel, daß man nur ein paar Tröpfchen der in Frage kommenden Parfümöle braucht. Wählen Sie Duftnoten, mit denen Sie den Badezusatz oder den Körperpuder parfümieren, damit kein Duftsalat entsteht. Gehen Sie sparsam mit der Parfümierung um, Parfümöle in zu hoher Dosis können auch hautreizend wirken. Zur Parfümierung eignen sich Duftnoten wie Pfefferminze, Melisse, Rose, Rosenholz, Geranium, Wacholderholz, Vetiver, Lemongras.

Anwendung und Wirkung: Die feinflüssigen, gut verteilbaren Öle sind hier mit Lanolin angereichert. Das etwas fettere Massageöl eignet sich daher besonders gut zur Pflege spröder und trockener Körperhaut. Die vitaminreichen Öle in Verbindung mit dem nährenden Lanolin wirken glättend auf die Körperhaut. Fein verstreichen!

Duftender Körperpuder

Zutaten
30 g Talkum · 10 g Bolus alba · 5 g Zinkoxyd · Parfümöl

Zubereitung: Die ersten drei pulvrigen Zutaten in ein verschließbares Gefäß geben und das Parfümöl darüberträufeln. Die Mischung kräftig durchschütteln und anschließend den duftenden Puder durch ein feinmaschiges Küchensieb schütteln. In eine hübsche Puderdose abfüllen.

Bei der Auswahl der Parfümöle gilt die Regel, daß Sie von den echten ätherischen Ölen wesentlich weniger brauchen als von synthetischen Parfümölen. 3 bis 4 Tropfen echten Parfümöls sind für die angegebene Menge Puder völlig ausreichend; es eignen sich Duftnoten wie Pfefferminz, Rosenholz, Rose oder Orangenblüte, Flieder, Veilchen oder Lemongras.

Anwendung und Wirkung: Die Zutaten dieses Körperpuders ergeben eine hochwertige Mischung, die sich zur täglichen Körperpflege bestens eignet. Der Körperpuder wirkt sanft desinfizierend, heilend, entzündungshemmend und deodorierend. Füllen Sie den Puder in eine hübsche, verschließbare Puderdose. Besorgen Sie sich in der Parfümerie eine duftige Puderquaste, mit der Sie den Puder über die Körperhaut gut verteilen können; oder verwenden Sie zum Auftragen einen jeweils frischen Wattebausch.

Deodorierender Puder

Zutaten
½ Tasse Talkumpulver · ½ Tasse Weizenstärke
1 Teelöffel Alaun · ½ Teelöffel Pfefferminzöl
1 Teelöffel Alkohol (70 %)

Zubereitung: Besonders schön wird dieser herrlich erfrischende Körperpuder, wenn Sie ihn im Elektromixer zubereiten. Aber es geht auch in einem großen, verschließbaren Glas, das sich gut durchschütteln läßt. Man gibt die ersten drei pulvrigen Zutaten in den Elektromixer und läßt sie darin gut verschlossen auf kleinster Stufe laufen, so daß sich alle Pulver gut vermischen. Nun löst man das Pfefferminzöl im Alkohol auf, öffnet den kleinen Innendeckel des Mixers und gibt die Flüssigkeit tropfenweise hinein, während die Mischung auf kleinster Stufe läuft, bis sich alles gut vermischt hat. Durch ein feinmaschiges Küchensieb schütteln und in eine hübsche Puderdose abfüllen. Wenn Sie den Pfefferminzduft weniger schätzen, können Sie alternativ ein anderes hautverträgliches Parfümöl nehmen. Der Vorteil von Pfefferminzöl besteht jedoch darin, daß es ausgezeichnet deodoriert und desinfiziert.

Anwendung und Wirkung: Für die Pflege der Achselhöhlen ist der Puder gut geeignet. Drücken Sie einen frischen, sauberen Wattebausch in den Puder und tupfen Sie die Haut damit ab; überschüssige Puderreste kann man mit einem Papiertüchlein entfernen. Regelmäßig am Morgen mit dem erfrischenden Puder einreiben, um der Schweißzersetzung vorzubeugen.

Kamillen-Deodorant

Zutaten
40 g Hamameliswasser
40 Pfefferminzwasser oder Krauseminzwasser
20 g Kamillen-Tinktur · 1 g Alaun (kleine Prise)

Zubereitung: Erwärmen Sie ein wenig Hamameliswasser, und lösen Sie das Alaunpulver darin auf. Danach alle Flüssigkeiten zusammenschütten, klarfiltern und in eine Flasche mit Zerstäuber abfüllen.

Anwendung und Wirkung: Dieses fein nach Kamille duftende Deodorant wirkt sanft desinfizierend, adstringierend und erfrischend. Sprühen Sie die Haut unter den Achseln nach dem Bad damit ein, und trocknen Sie anschließend überschüssige Reste ab.

Lavendel-Körperessig

Zutaten
1 Handvoll getrocknete Lavendelblüten
½ Liter naturreiner Obstessig · 150 g Rosenwasser
20 g Alkohol (70 %) · 1 Kaffeelöffel Lavendelöl

Zubereitung: Die duftenden Lavendelblüten füllen Sie in ein gut verschließbares Glas mit breiter Öffnung und gießen den Obstessig darüber. Gut verschlossen bleiben die Lavendelblüten an einem warmen Platz, wenn möglich in der Sonne, zwei Wochen lang stehen. Ab und zu durchschütteln. Dann seiht man die Flüssigkeit ab und drückt dabei die Pflanzenrückstände kräftig aus. Durch Kaffeefilterpapier klarfiltern. Mit dem Rosenwasser aufgießen. Das Lavendelöl im Alkohol auflösen und untermischen. In eine hübsche Flasche abfüllen und einmal tüchtig durchschütteln.

Anwendung und Wirkung: Der angenehm nach Lavendel duftende Körperessig eignet sich vor allem für die Abreibung des Körpers nach dem Bad oder nach der Dusche. Er erfrischt und klärt die Haut, er adstringiert und verhilft zu einer raschen Regenerierung des Hautsäuremantels nach dem Bad.

Orangenblüten-Tonikum

Zutaten
200 g Orangenblütenwasser · 3 g Alaun
20 g Alkohol (70 %) · 10 Tropfen süßes Mandelöl
15 Tropfen Orangenblütenöl (Neroli)

Zubereitung: Ein wenig Orangenblütenwasser erwärmen und den Alaun darin auflösen. Dann lösen Sie das Mandelöl und das Orangenblütenöl im Alkohol. Alle Flüssigkeiten vermischen, kräftig durchschütteln. Durch Kaffeefilterpapier klarfiltern und in eine dunkle Glasflasche abfüllen.

Anwendung und Wirkung: Dieses köstlich nach Orangenblüten duftende Tonikum für erfrischende Körperabreibungen wirkt durch die Beifügung von Alaun mild adstringierend und deodorierend auf die Körperhaut, während der Alkohol erfrischt und das süße Mandelöl pflegt. Täglich kann man die Haut nach dem Bad oder der Dusche mit dem Orangenblüten-Tonikum einreiben; für die morgendliche Körperpflege ist es ideal.

Pfefferminz-Essig

Zutaten
1 Handvoll getrocknete Pfefferminzblätter
½ l naturreiner Obstessig
150 g Pfefferminzwasser oder Krauseminzwasser
20 g Alkohol (70 %) · 10 Tropfen Pfefferminzöl

Zubereitung: Man füllt die Pfefferminzblätter in ein gut verschließbares Glas mit breiter Öffnung. Mit dem Obstessig übergießen; gut verschlossen bleibt die Mischung an einem warmen Platz stehen, ab und zu durchschütteln. Nach zwei Wochen seiht man die Flüssigkeit ab, drückt dabei die Pflanzenrückstände gut aus und filtert durch Kaffeefilterpapier klar. Mit dem Pfefferminzwasser aufgießen. Das Pfefferminzöl im Alkohol lösen und dazugeben. In eine hübsche Flasche abfüllen.

Anwendung und Wirkung: Die Abreibung mit Pfefferminz-Essig ist insbesondere für fette und unreine Körperhaut ideal. Er löst Kalkschleier von der Haut und hilft, den Säuremantel der Haut nach dem Bad rasch zu regenerieren. Er wirkt mild desinfizierend und deodorierend und ist deshalb für die Morgenpflege wie geschaffen.

Sonnenkosmetik

Sonnenschutzcreme

Zutaten
10 g Lanolin anhydrid (1 gehäufter Kaffeelöffel)
5 g Bienenwachs · 5 g Kakaobutter · 40 g Sesamöl
40 g Orangenblütenwasser

Herstellung: Die ersten drei Zutaten werden auf dem kochenden Wasserbad geschmolzen. Nun das Sesamöl hinzufügen und alles auf 60 Grad erwärmen. Daneben das Orangenblütenwasser ebenfalls auf 60 Grad bringen. Vom Feuer nehmen. Unter stetigem Rühren mit dem elektrischen Handrührmixer wird nun das Orangenblütenwasser unter die Fettschmelze gerührt. Auf kleinster Stufe rühren, bis die Creme erkaltet. In Cremetöpfchen abfüllen.

Anwendung und Wirkung: Das Sesamöl gehört neben dem Erdnußöl zu den wertvollen pflanzlichen Ölen mit natürlichen Lichtschutzfaktoren. Sesamöl enthält Sesamol, einen Wirkstoff, der Oxydation verhindert und UV-Strahlung absorbiert; deshalb eignet sich die Creme ideal als Sonnenschutzcreme; man kann sich von Kopf bis Fuß damit einreiben. Zum Braten in der Sonne ist die Creme allerdings als Schutz nicht ausreichend; jedoch dürfte es sich allmählich herumgesprochen haben, daß übermäßiges Sonnenbaden ungesund ist, die Haut zu frühzeitiger Faltenbildung führt, und daß auch die Entstehung von Hautkrebs auf übermäßiges Sonnen zurückgeführt wird.

Sonnenöl

Zutaten
1 Teil Sesamöl · 1 Teil Erdnußöl
1 Teil Sonnenblumenkernöl

Zubereitung: Mischen Sie die Öle miteinander, und schon ist Ihr hautpflegendes Sonnenöl fertig.

Anwendung und Wirkung: Hier haben Sie alle Öle der Natur, die ›für die Sonne‹ gemacht sind. Sie enthalten natürliche Lichtschutzfaktoren, sie pflegen die Haut und sind leicht verstreichbar. Beim Schwimmen sind sie gut geeignet, da sie wasserabstoßend sind und die Haut vor der Austrocknung durch Wasser und Salz schützen. Für ein Sonnenbad in praller Sonne sollten Sie die Öle nicht ver-

wenden, hingegen ist das Sonnenöl für Luft- und Schatten-
bäder gut geeignet. Daß Sie sich vor praller Sonne in acht
nehmen sollten, sei hier nochmals betont.

Handpflegemittel

Vaseline-Handcreme

Zutaten
70 g Vaseline · 15 g Kakaobutter · 10 g Lanolin
5 Tropfen Lavendelöl

Zubereitung: Zuerst auf dem kochenden Wasserbad die
Vaseline schmelzen, dann Lanolin und Kakaobutter hinzu-
fügen und alles auf 70 Grad bringen. Vom Feuer nehmen.
Mit dem elektrischen Handrührmixer rühren. Sobald die
Mischung abgekühlt ist, parfümieren und kalt rühren. In
Cremedosen abfüllen. Statt Lavendelöl können Sie auch
andere Duftnoten nehmen, etwa Rosmarin, Rose, Melisse
oder Pfefferminze.

Anwendung und Wirkung: Hier haben Sie eine richtige
Handschutzsalbe. Die Beifügung von Vaseline macht die
Handcreme stark wasserabstoßend und hautschützend.
Deshalb eignet sich die Creme als Hautschutz, wenn man
Küchenarbeiten zu verrichten hat, bei naßkaltem Wetter im
Garten arbeitet und bei allen Arbeiten, die man im Freien
verrichtet.

Nagelhautentferner

Zutaten
10 g Tween 80 · 10 g Glycerin · 30 g destilliertes Wasser

Zubereitung: Geben Sie alle Zutaten in ein Fläschchen und
schütteln sie kräftig durch. Vor jedem Gebrauch schütteln!

Anwendung und Wirkung: Tragen Sie den Nagelhautentferner sparsam auf die Nagelhaut auf und lassen Sie ihn einwirken, anschließend schieben Sie die Nagelhaut mit einem weichen Orangenholzstäbchen, das mit Watte umwickelt ist, zurück. Hautreste, die sich nicht aufgelöst haben, werden nun mit einer Hautzange vorsichtig weggezupft, aber nicht weggeschnitten. Anschließend werden die Hände gewaschen und mit der Handbürste gebürstet. Sind die Hände abgetrocknet, feilt man mit der Sandfeile nochmals die Fingernägel leicht nach, um alle abstehenden kleinen Nagelreste zu entfernen. Nun werden die Hände mit einer fetthaltigen Creme einmassiert.

Fußpflegemittel

Kräuter-Fußbäder

Beschwerden	Kräuter-Fußbadezusätze
Müde Füße, müde Beine	Kamillenblüten, Rosmarin, Pfefferminze, Senfsamenpulver, Rosmarinöl, Pfefferminzöl, Fenchelöl
Gelenkschmerzen	Arnikablüten, Calendulablüten, Heublumen, Rosmarin
Wunde Füße	Eichenrinde, Salbei, Zinnkraut, Kleie
Fußgeruch	Lavendel, Rosmarin, Thymian, Lavendelöl, Rosmarinöl, Pfefferminzöl, Edeltannenöl
Frostbeulen	Eichenrinde
Schnupfen, Erkältungen	Eukalyptusöl, Fenchelöl, Latschenkiefernöl, Edeltannenöl

Zubereitung: Von den angegebenen Kräuterzusätzen rechnen Sie eine reichliche Handvoll getrockneter Kräuter auf ein Fußbad. Stellen Sie einen Aufguß her, indem Sie die Kräuterteile mit kochendheißem Wasser übergießen und etwa 20 Minuten lang durchziehen lassen. Die abgeseihte Flüssigkeit wird dem Kräuterfußbad zugesetzt. Bei Zusatz von Parfümölen rechnen Sie einen knappen Eßlöffel auf ein Fußbad.

Die Dauer des Fußbades soll 10 Minuten nicht überschreiten. In dieser Zeit kühlt das Wasser etwas ab, und da konstant warme Temperatur zur guten Wirkung beiträgt, gießen Sie nach 5 Minuten nochmals heißes Wasser nach.

Anwendung und Wirkung: Ein warmes Kräuterfußbad kann gegen vielerlei Beschwerden helfen. Wer seinen Beruf hauptsächlich stehend verbringt, wird die wohltuenden Fußbäder zu schätzen wissen. Die wohlige Wärme und Entspannung, die sich von den Füßen aufwärts im ganzen Körper ausbreitet, wird als besonders wirksam empfunden.

Huflattich-Fußgeist

Zutaten
30 g Huflattich-Tinktur · 10 g Melissen-Tinktur
10 g Calendula-Tinktur · 30 g Hamameliswasser
½ Kaffeelöffel Melissenöl

Zubereitung: Wenn Sie diesen erfrischenden Fußgeist in größerer Menge herstellen möchten, brauchen Sie die Zutaten nur zu verdoppeln. Bedingt durch seinen hohen Anteil an Alkohol ist der Fußgeist gut haltbar. Wenn Sie die Tinkturen nicht selbst ansetzen wollen, können Sie sie fertig beim Apotheker kaufen.

Geben Sie die Tinkturen in eine Flasche, lösen Sie darin das Melissenöl auf und gießen Sie am Schluß mit Hamameliswasser auf. Als Variante eignet sich auch das erfrischende Pfefferminzwasser. Einmal kräftig durchschütteln.

Anwendung und Wirkung: Ein erfrischender, heilender und belebender Fußgeist für alle, die viel stehen oder auch sitzen müssen. Bei Venen- und Gelenkschmerzen, die durch langes Sitzen entstehen, bei angeschwollenen Gelenken und müden Beinen wirkt die Abreibung mit dem Huflattich-Fußgeist sehr erfrischend und belebend.

Fußpuder

Zutaten
5 g Gerbsäure · 30 g Talkum · 10 g Bolus alba
5 g Zinkoxyd

Zubereitung: Geben Sie alle Pulver in ein gut verschließbares Gefäß und schütteln sie kräftig durch.

Anwendung und Wirkung: Der Fußpuder ist ein angenehmes Mittel, wenn man leicht heiße Füße bekommt, viel steht oder laufen muß; wer in Bergstiefeln zum Wandern geht, Golf oder Tennis spielt, sollte die Füße einpudern, so vermeidet man das Anschwellen der Füße. Bei der Behandlung von Schweißfüßen empfiehlt es sich, den Puder über Nacht einwirken zu lassen. Durch das Einpudern kann die Flüssigkeitsabsonderung wirkungsvoll eingedämmt werden. Der Zusatz von Gerbsäure im Fußpuder bewirkt eine Abhärtung der meist etwas angeschwollenen Haut, womit auch eine Verminderung der Schweißsekretion verbunden ist.

HAARPFLEGEMITTEL
UND PFLANZLICHE HAARFARBEN

Die Regeneration des Haares findet in der Haarwurzel statt, weshalb man den Zustand und das Aussehen des Haares von innen durch die Ernährung beeinflussen kann. Alle Stoffe, die zum Aufbau der Hornsubstanz des Haares wichtig sind, können Sie dem Haar durch die Ernährung zuführen: Schwefel, Eisen, Kieselsäure, Kalk, Jod und B-Vitamine. Vor allem in den Vollgetreiden finden Sie die Stoffe, die gut für das Haar sind: Weizen, Hafer, Hirse, Mais, Grünkern und Buchweizen. Bereiten Sie häufig Speisen aus frisch geschroteten oder gemahlenen Getreiden; vor allem das Frühstücksmüsli mit Weizen und Hirse tut nicht nur das Beste für Ihr Haar, sondern auch für die Gesundheit: Der Mangel an Vitamin B führt nicht nur zu schütterem Haar, er fördert gleichzeitig auch Arterienverkalkung, Vergeßlichkeit und Nervosität.

Die Durchblutung der Kopfhaut regt das Haarwachstum an. Massieren Sie die Kopfhaut häufig mit erfrischendem Kopfwasser. Bürsten Sie das Haar täglich. Großmutters 100 Bürstenstriche pro Tag bei vornübergebeugtem Kopf sind noch immer das beste Rezept zur Anregung der Kopfhautdurchblutung. Verwenden Sie ausschließlich eine Haarbürste aus Naturborsten. Das Bürsten entfernt auch Schmutz und Staub aus dem Haar und erspart Ihnen deshalb häufige Haarwäsche.

Jedes Haar ist von Natur aus schön und glänzend. Wenn heute nur noch wenige mit ihrer Haarqualität zufrieden sind, so liegt die Hauptursache für den Verlust der natürlichen Haarqualität neben der denaturierten Ernährung vor allem in der Auswahl der Haarpflegemittel. Das beginnt mit der Haarwäsche und fährt fort mit aggressiven Haarfarben, Dauerwellen, Festigern, Weichspülern und Haarsprays. Die geballte ›Systempflege‹ ruiniert auf die Dauer das gesündeste Haar. In der Naturkosmetik werden weder haarschädigende Stoffe noch Chemiegifte verwendet, und in den nachfolgenden Rezepten lernen Sie die sanften Mittel der Natur für die Haarpflege kennen.

Haarwäsche

Duftendes Zitronenshampoo

Zutaten
Schalen von 2 ungespritzten Zitronen
¾ l destilliertes Wasser
10 g Pottasche · 50 g weiße Schmierseife (Silberseife)
50 g Alkohol (70%) · 2 Kaffeelöffel Zitronenöl

Saure Spülung: Zitronensaft oder Obstessig

Zubereitung: Zuerst die beiden Zitronen unter heißem Wasser waschen und die Schalen hauchfein abschälen. Das destillierte Wasser in einem hochrandigen Topf zum Kochen bringen. Mit einem Viertelliter des kochenden Wassers die Zitronenschale übergießen und 20 Minuten bei bedecktem Topf ganz schwach sieden lassen. Danach die goldgelbe Flüssigkeit durch ein Küchensieb abseihen. In das restliche kochende Wasser gibt man die Schmierseife, und sobald sie sich gelöst hat, fügt man die Pottasche hinzu. Alles 30 Minuten köcheln lassen, wodurch sich die Seifenlösung auf einen Viertelliter reduziert. Vom Feuer nehmen und mit der Zitronenabkochung vermischen. Abkühlen lassen. Das Zitronenöl im Alkohol lösen und dem abgekühlten Shampoo beifügen. Füllen Sie das Zitronenshampoo in eine hübsche Flasche und schütteln Sie nochmals tüchtig durch. Da das Shampoo relativ flüssig ist, eignet sich für die Anwendung des Shampoos auch eine Flasche mit Spritzverschluß.

Anwendung und Wirkung: Das mandarinenfarbige Shampoo verbreitet einen erfrischenden Duft, und das Kopfwaschen damit ist eine wahre Freude. Erwarten Sie keine Schaumberge auf dem Kopf, die aus den nachfolgend genannten Gründen auch nicht wünschenswert sind.

Nachdem das Haar nach der zweiten Wäsche gründlich mit Wasser gespült wurde, muß der Haarwäsche eine saure Spülung folgen. Diese Spülung ist Bestandteil der Haarwäsche mit seifenbasiertem Haarshampoo, um alle Kalk- und Seifenschleier aus dem Haar zu lösen. Verwenden Sie verdünnten Obstessig oder verdünnten Zitronensaft. Spülen Sie das Haar nach der Wäsche damit. So bekommt es duftende Frische und schönen Glanz. Wieviel Obstessig oder Zitronensaft Sie in die letzte Spülung geben, hängt vom Kalkgehalt des Wassers in Ihrer Gegend ab. Je kalkhaltiger das Wasser, desto konzentrierter muß die Spülung sein.

Wenn man heute wieder auf Großmutters Rezepte für die Herstellung von Haarshampoos zurückgreift, bedarf es einer Erläuterung im Hinblick auf die Wirkung moderner Haarshampoos. Angefangen beim Baby-Shampoo bis zum Luxus-Creamy-Rinse sind heute alle Haarshampoos auf Detergentienbasis aufgebaut. Die Problematik bei der Anwendung von Detergentien oder Tensiden besteht nicht etwa darin, daß Sie das Haar nicht gründlich genug reinigen. Das Gegenteil ist der Fall: Sie reinigen es viel zu gründlich, denn sie entfetten das Haar mehr, als es für die Haarpflege wünschenswert ist. Durch ihren Abbeizeffekt schädigen sie das Sebum, eine fettige Substanz, die das Haar gegen äußere Einflüsse schützt. Darüber hinaus wird auch die Kopfhaut durch aggressive Entfettung in Mitleidenschaft gezogen. Zahlreiche Haar- und Kopfhautprobleme zieht die Intensivwäsche nach sich: Die Talgdrüsen produzieren zu rasch Fett, es entstehen Schuppen, und das relativ ungeschützte Haar zieht schnell wieder Schmutz und Staub an, wird deshalb zu häufig gewaschen, und das Problem setzt sich ungehindert fort. Wenn Sie auf detergentienhaltige Shampoos nicht verzichten wollen, dann mildern Sie deren Aggressivität, indem Sie das Shampoo stark mit Wasser verdünnen. Je nach Haarlänge rechnen Sie etwa mit einem Kaffeelöffel Detergentienshampoo, das Sie in einer Tasse warmem Wasser auflösen. Diese Menge ist ausreichend für eine komplette Haarwäsche.

Haarspülungen mit Heilkräutern

Zubereitung: Wieder sind die Heilkräuter hilfreich, um gegen die unterschiedlichsten Haar- und Kopfhautprobleme anzugehen. Gleich nach der Haarwäsche ist der richtige Moment, das Haar mit einer Abkochung, einem Aufguß oder mit kalklösendem Kräuteressig zu spülen.

Wie man die einzelnen Pflanzenauszüge zubereitet, finden Sie auf Seite 196/197 beschrieben. Während die Spülungen mit einer Abkochung oder einem Aufguß immer frisch hergestellt und unverdünnt über das Haar gespült werden, wird der Kräuteressig vor der Anwendung mit Wasser *verdünnt.* Es lohnt sich daher die Herstellung einer größeren Menge Kräuteressig, die man immer griffbereit im Badezimmer stehen hat. Im Anschluß an die Spülung – sei es mit einer Abkochung, einem Aufguß oder mit Kräuteressig – wird das Haar nicht mehr gewaschen, sondern nur leicht mit Wasser nachgespült.

In heißem Wasser gelöst, geben manche Heilkräuter etwas Farbe ab. So ist es ratsam, die *hellen* Heilkräuter für helles und die *dunklen* für dunkles Haar zu wählen.

Für angegriffenes, sprödes Haar und trockene Kopfhaut

	Pflanzenteil	Ab-kochung	Aufguß	Kräuter-essig
Bei brünettem, rotem und dunklem Haar	Brennessel-blätter		O	O
	Eichenrinde	O		
	Fenchelwurzel	O		
	Melisse		O	O
	Rosenblüten		O	O
	Pfefferminze		O	O
	Klettenwurzel	O		
	Malvenblüten	O		O
Bei blondem Haar	Calendula-blüten		O	O
	Kamillenblüten		O	O
	Klettenwurzel	O		
	Löwenzahn-blüten	O		
	Rhabarber-wurzel	O		
	Weißdornblüten		O	

Für fettes Haar, Schuppen u. entzündungsbereite Kopfhaut

	Pflanzenteil	Ab-kochung	Aufguß	Kräuter-essig
Bei brünettem, rotem und dunklem Haar	Birkenblätter		O	O
	Brennessel-blätter		O	O
	Heublume		O	
	Huflattich blüten		O	O
	Lavendelblüten		O	O
	Pfefferminze		O	O
	Rosmarin	O	O	O
	Salbei			O
	Quecken wurzel	O		
Bei blondem Haar	Arnikablüten		O	O
	Eibischwurzel	in kaltem Wasser über Nacht ziehen lassen		
	Ginsterblüte		O	
	Huflattichblüte		O	O
	Kamillenblüte		O	O
	Quittensamen	O		
	Zitronenschale			O

Haarpackungen

Walnußschalen-Mayonnaise

Zutaten
1 Eigelb · 25 g Walnußschalenöl
1 Spritzer Obstessig

Zubereitung: Das farblose Walnußschalenöl auf dem Wasserbad leicht anwärmen. Tropfenweise in das zimmerwarme Eigelb einrühren, bis eine glatte Mayonnaise entsteht. Nun den Spritzer Obstessig unterrühren.

Anwendung und Wirkung: Die Walnußschalen-Mayonnaise auf das trockene Haar und die Kopfhaut auftragen und sorgfältig verteilen. Gut einmassieren; unter der Duschhaube anschließend warmhalten. Nach einer halben Stunde Einwirkungszeit abwaschen.
  Wie das Klettenwurzelöl gehört auch das Walnußschalenöl zu den besten Ölen der Haarpflege. In Eigelb emulgiert, verliert das Öl seine Klebrigkeit, und daher ist auch die Packung gut auszuwaschen. Sie macht das Haar glänzend, gut frisierbar, hilft gegen spröde Spitzen, sprödes Haar und trockene Kopfhaut.

Rosmarin-Mayonnaise

Zutaten
1 Eigelb · 25 g süßes Mandelöl
½ Kaffeelöffel Rosmarinöl

Zubereitung: In einer kleinen Schale das süße Mandelöl langsam und portionsweise unter das Eigelb rühren. Nun zügig das Rosmarinöl unterrühren.

Anwendung und Wirkung: Die duftende Rosmarin-Mayonnaise eignet sich vor allem zur Behandlung von fettem Haar und fetter Kopfhaut. Man trägt die Packung gleich nach der Zubereitung auf das trockene Haar auf und verteilt sie gründlich auf dem Haarboden. Unter der Duschhaube wird die duftende Rosmarin-Packung warm gehalten und sollte mindestens 30 Minuten einwirken, bevor das Haar gewaschen wird.

Die belebende und durchblutungssteigernde Wirkung des Rosmarins kommt in dieser schönen Packung zum Einsatz. Bei fettem Haar und fetter Kopfhaut sollte man keine Scheu haben, in Ei emulgiertes Öl anzuwenden, das Haar wird davon keineswegs noch fetter, sondern es gesundet vielmehr bei regelmäßiger Anwendung.

Klettenwurzel-Mayonnaise

Zutaten
1 Eigelb · 25 g Klettenwurzelöl
1 Teelöffel Zitronensaft

Zubereitung: Die Herstellung von Klettenwurzelöl ist auf Seite 66 f. beschrieben; das Öl bekommt man auch fertig in der Apotheke. Das zimmerwarme Öl mit dem Rührbesen portionsweise in das Eigelb einrühren, so daß eine griffige Mayonnaise entsteht. Den Zitronensaft unterrühren.

Anwendung und Wirkung: Vor der Haarwäsche wird die Klettenwurzel-Mayonnaise auf das trockene Haar und auf die Kopfhaut aufgetragen. Sorgfältig verteilen und gründlich einmassieren. Während der Einwirkungszeit sollte die Packung warm gehalten werden; setzen Sie also eine Duschhaube auf, und wickeln Sie ein Frotteehandtuch um den Kopf. Nach einer halben Stunde Einwirkungszeit wird das Haar gewaschen.

Das Klettenwurzelöl gehört zu den klassischen Pflegemitteln für Haar und Kopfhaut. Es regeneriert das Haar und hilft der Kopfhaut bei der Behandlung vielerlei Probleme, bei Schuppen, bei trockener Kopfhaut und bei schorfigen

Stellen an der Kopfhaut ist es geeignet. In emulgierter Form hinterläßt das Öl keinen Fettfilm auf dem Haar und ist durch die Haarwäsche zu entfernen.

Melissen-Mayonnaise

Zutaten
1 Eigelb · 25 g süßes Mandelöl
1 Kaffeelöffel Melissenöl

Zubereitung: Langsam, zuerst tropfenweise das Mandelöl unter das Eigelb rühren. Nun das Melissenöl einrühren.

Anwendung und Wirkung: Die kurz vor der Haarwäsche hergestellte Packung wird auf das trockene Haar aufgetragen und sorgfältig auf der Kopfhaut verteilt. Speziell bei trockenem Haar und trockener, schuppiger Kopfhaut tut das Melissenöl gute Dienste. Es wirkt belebend auf die Kopfhaut, es regeneriert, und das Mandelöl sorgt für schönes glänzendes Haar. Lassen Sie die Packung mindestens 30 Minuten unter einer wärmenden Duschhaube einwirken. Dann gründlich abwaschen.

Arnika-Packung

Zutaten
1 Eigelb · 25 g süßes Mandelöl
1½ Kaffeelöffel Arnika-Tinktur

Zubereitung: Rühren Sie zuerst die Arnika-Tinktur tropfenweise unter das Eigelb, wobei es ganz leicht gerinnt. Nun tropfenweise das süße Mandelöl einrühren und die Mayonnaise zügig glatt rühren.

Anwendung und Wirkung: Das Haar scheiteln und die Packung auf die Kopfhaut auftragen. Gut verteilen und gründlich einmassieren. Mindestens 30 Minuten unter einer wärmenden Duschhaube einwirken lassen. Danach gründlich waschen.

Bei entzündlichen Stellen auf der Kopfhaut wirkt die Arnika-Packung ganz ausgezeichnet. Auch bei Schuppen und fetter Kopfhaut sollte man sie regelmäßig anwenden.

Erdnuß-Packung

Zutaten
1 Eigelb · 25 g Erdnußöl · 1 Kaffeelöffel Zitronensaft

Zubereitung: Das Erdnußöl auf dem Wasserbad leicht erwärmen. Nun das Öl langsam und tropfenweise unter das Eigelb rühren. Dann den Zitronensaft darunterrühren.

Anwendung und Wirkung: Erdnußöl hat die Eigenschaft, durch das im Ei enthaltene Cholesterin sehr gut zu emulgieren; dadurch erhält man eine schöne, griffige Packung, die sich zur Behandlung von fettem Haar und von fetter Kopfhaut gut eignet. Das Haar einmal kurz vorwaschen und vortrocknen. Nun die Packung gleichmäßig über Haar und Haarboden verteilen und einmassieren. Unter der Duschhaube warm halten. Nach 30 Minuten Einwirkungszeit abwaschen.

Schnellkur bei spröden Spitzen

Zutaten
1 Eigelb · 2 Eßlöffel Pflanzenöl

Zubereitung: Die Kur gegen spröde Spitzen ist schnell gemacht und sollte vor jeder Haarwäsche aufgetragen werden. Sie können für die Zubereitung jedes kaltgepreßte Pflanzenöl nehmen: Avocadoöl, Pfirsichkernöl, Erdnußöl, sie sind alle gut geeignet. Rühren Sie das Öl langsam unter das Eigelb, so daß eine glatte Mayonnaise entsteht.

Anwendung und Wirkung: Massieren Sie die Mayonnaise vor der Haarwäsche in die trockenen Spitzen. Lassen Sie die Kur so lange einziehen, wie Sie Zeit dafür haben. Nun wird das Haar gewaschen. Bei regelmäßiger Anwendung regeneriert die Kur die Haarspitzen, bewahrt sie vor dem Brüchigwerden und gibt der Haarstruktur ein besseres Gesamtbild.

Johanniskraut-Kurpackung

Zutaten
1 Eigelb · 25 g Johanniskrautöl
1 Spritzer Obstessig

Zubereitung: Das schöne, dunkelrote Johanniskrautöl tropfenweise in das Eigelb einrühren, so daß eine griffige Mayonnaise entsteht. Den Obstessig unterrühren.

Anwendung und Wirkung: Das heilwirksame Johanniskrautöl ergibt eine vorzügliche Haarpackung bei fettem Haar, bei entzündlicher Kopfhaut, bei Schuppen und Haarausfall. Es regeneriert Haar und Kopfhaut und sollte als Kur vor jeder Haarwäsche angewendet werden. So wird sich bald eine sichtbare Verbesserung der Kopfhaut und des Haares einstellen. Gründlich in das trockene Haar und in die Kopfhaut einmassieren, nach 30 Minuten Einwirkungszeit abwaschen. Sie intensivieren die Wirkung, wenn die Kurpackung während der Einwirkungszeit warm gehalten wird. Setzen Sie eine Duschhaube auf den Kopf und wickeln Sie ein Frotteehandtuch darum.

Haarfestiger

Honig-Glanzfestiger

Zutaten
1 Kaffeelöffel reiner Bienenhonig · ¼ l warmes Wasser
1 Spritzer Obstessig

Zubereitung: Die Zutaten sind für halblanges Haar berechnet, bei kurzem Haar nimmt man entsprechend weniger
warmes Wasser und Honig. Der Honig wird im warmen
Wasser vollständig aufgelöst, dann gibt man den Spritzer
Essig dazu.

Anwendung und Wirkung: Das festigende Honigbad wird
sanft in die Kopfhaut und ins Haar einmassiert. Es verleiht
dem Haar herrlichen Glanz, gute Griffigkeit und Fülle.
Nach der Honigbehandlung läßt sich das Haar leicht einle-
gen, gut fönen und locker frisieren. Honig verliert in warmem Wasser gelöst seine Klebrigkeit. Voraussetzung ist
allerdings, daß Sie echten Bienenhonig nehmen und keinen
mit Zucker versetzten Kunsthonig. Der Obstessig gibt dem
Haar zusätzlichen Glanz; wenn Sie aber in Eile sind, können
Sie das Rezept auch ohne Essig herstellen. Ein wenig Honig
ist schnell in warmem Wasser gelöst, und das Honigbad
eignet sich für jedes Haar.

Haarwässer

Kräuter-Haarwasser

Zutaten
20 g Birkenblätter-Tinktur · 10 g Spitzwegerich-Tinktur
10 g Brennessel-Tinktur · 60 g Hamameliswasser
5 Tropfen Melissenöl

Zubereitung: Wie man die einzelnen Tinkturen ansetzt,
finden Sie unter den jeweiligen Pflanzennamen in Teil II.
Sie können auch alle Zutaten fertig beim Apotheker kaufen.
 Vermischen Sie die drei Tinkturen miteinander und lösen
Sie das Melissenöl darin auf. Nun mit dem Hamameliswas-

ser aufgießen. Durch Kaffeefilterpapier klarfiltern. In eine Flasche mit Spritz- oder Pipettenverschluß abfüllen.

Anwendung und Wirkung: Hier haben Sie ein breites Spektrum der besten Pflanzenheilstoffe für Haar und Kopfhaut. Verteilen Sie das Kräuter-Haarwasser tropfenweise auf der Kopfhaut und massieren Sie es sanft ein. Die Konzentration ist recht intensiv, deshalb achten Sie darauf, daß Ihnen das Kopfwasser nicht in die Augen tropft. Aus diesem Grund ist auch die Abfüllung in eine Flasche mit Pipettenverschluß zu empfehlen. Gegen Schuppen, fettige Kopfhaut und entzündliche Veränderungen der Kopfhaut ist das Kräuter-Haarwasser empfehlenswert. Es erfrischt, durchblutet, wirkt heilend und entzündungshemmend, sanft desinfizierend und adstringierend und führt bei regelmäßiger Anwendung zur Gesundung der Kopfhaut. Da es gut haltbar ist, können Sie auch größere Mengen herstellen.

Brennessel-Kopfwasser

Zutaten
40 g Brennessel-Tinktur · ½ Kaffeelöffel Arnika-Tinktur
60 g Hamameliswasser

Zubereitung: Vermischen Sie alle Zutaten miteinander. Durch Kaffefilterpapier klarfiltern. In dunkle Flasche mit Spritz- oder Pipettenverschluß abfüllen.

Anwendung und Wirkung: Träufeln Sie das Brennessel-Kopfwasser tropfenweise auf den Haarboden und massieren Sie die Kopfhaut mit dem würzig duftenden Brennessel-Kopfwasser ein. Bei Schuppen, fettem Haarboden, Kopfjukken, bei entzündlichen Veränderungen der Kopfhaut und bei Haarausfall wirkt das Kopfwasser durchblutungssteigernd, sanft desinfizierend und klärend auf die Kopfhaut ein. So ergibt sich bei regelmäßiger Anwendung eine deutliche Verbesserung des Haarbodens.

Pflanzliche Haarfarben

Reine Pflanzenfarben gehören zu den vollkommenen Schönheitsmitteln der Natur. Sie passen sich auf sanfte Weise der individuellen Haarfarbe an, sie tönen und färben das Haar, ohne seine innere Struktur anzugreifen, gleichzeitig wirken sie pflegend auf den Haarkörper ein. Im Gegensatz zu chemischen Haarfarben, die aggressiv und giftig sind, schädigen Pflanzenfarben weder das Haar noch die Gesundheit. In der Natur sind alle guten Stoffe vorgesehen, die unser Haar auf nichtaggressive Weise pflegen und verschönern. Es wird Zeit, den Chemiegiften endlich Adieu zu sagen und sich wieder an die guten Mittel der Natur zu erinnern.

Pflanzenfarben können teilweise intensiv färben oder tönen. Wie die richtige Einwirkungszeit der Farbe für Ihr Haar bemessen sein muß, das hängt von Ihrer natürlichen Haarfarbe, von der Haarstruktur und von der Vorbehandlung des Haares ab. Mit Chemiefarben oder Dauerwellen vorbehandeltes Haar wird anders auf die Naturfarben reagieren als ungeschädigtes Haar. Schon aus diesen Gründen ist es notwendig, den ersten Versuch mit Pflanzenfarben an einer Haarsträhne zu testen. Aus dem Deckhaar schneiden Sie eine kleine Haarsträhne, binden Sie zusammen und behandeln die Strähne wie in der jeweiligen Rezeptur angegeben. Nach dem Auswaschen der Farbe lassen Sie die Strähne trocknen, denn erst am trockenen Haar sehen Sie das Ergebnis. So können Sie die Farbe und die individuelle Einwirkungsdauer der Farbe bemessen.

Farben für blondes Haar

Römische Kamille

Die Blüten der Römischen Kamille gehören seit undenklichen Zeiten zu den sanften Aufhellungsmitteln für blondes Haar. Sie verleihen blondem Haar nicht nur den begehrten natürlichen Glanz; die regelmäßige Haarspülung mit Kamillenblüten wirkt auch vorzüglich gegen fettes Haar, sie hilft gleichfalls gegen Schuppen und entzündliche Kopfhaut.

Farbspülung: Zwei Handvoll Römischer Kamille werden mit 1 Liter kochendheißem Wasser übergossen. Die Mischung bleibt bei bedecktem Topf 20 Minuten stehen. Nun die Flüssigkeit durch ein feinmaschiges Küchensieb abseihen. Nach der Haarwäsche wird das Haar darin gebadet und anschließend nicht mehr nachgespült.

Rhabarberwurzel

Wie die Römische Kamille gehört auch die Rhabarberwurzel zu den klassischen Pflanzenfarben für blondes Haar. Die kleingeschnittenen Rhabarberwurzelteilchen bekommt man beim Apotheker, denn die Rhabarberwurzel ist auch eine Heilpflanze. Die Abkochung mit Rhabarberwurzel wirkt viel intensiver aufhellend als die mit Kamillenblüten, und es ist ratsam, die Wirkung an einer Haarsträhne zu testen.

Farbspülung: Rechnen Sie – je nach Haarlänge – mit einer Handvoll Rhabarberwurzelteilchen auf ¼ Liter Wasser. Die Wurzelteilchen bei bedecktem Topf etwa 10 Minuten lang schwach sieden lassen. Dann wird die Flüssigkeit abgeseiht und gleichmäßig auf das gewaschene Haar verteilt. Danach muß das Haar nicht mehr gewaschen werden.

Blondfärbung und blonde Strähnchen: Ein bis drei Handvoll Rhabarberwurzeln – je nach Haarlänge – werden in der elektrischen Kaffeemühle staubfein pulverisiert. Dem Rhabarberwurzelpulver ein wenig Zitronensaft und einen Spritzer Pflanzenöl zusetzen. Jetzt unter Zufügung von etwas warmem Wasser einen zähen Brei rühren. 15 Minuten durchziehen lassen. Nun erneut vorsichtig warmes Wasser zufügen und den Brei streichfähig rühren. Das Haar scheiteln und anschließend die Farbe mit einem breiten Pinsel Scheitel für Scheitel auf das Haar auftragen. Am Schluß mit dem Kamm die Farbe durchziehen. Nachdem Sie die entstehende Farbe an einer Haarsträhne getestet haben, legen Sie die Dauer der Einwirkungszeit fest. Danach das Haar gründlich waschen.

Wenn Sie mit Rhabarberwurzel Strähnchen einfärben möchten, durchlöchern Sie eine Duschhaube – die eng am Kopf anliegen sollte – mit zahlreichen, gleichmäßig verteilten kleinen Löchern. Mit einer Stricknadel läßt sich das gut machen. Die durchlöcherte Duschhaube aufsetzen und nun mit dem Stielkamm die einzelnen Strähnchen herausziehen. Die Farbe mit dem Pinsel auftragen und entsprechend lange einwirken lassen. Danach das Haar gründlich waschen.

Farben für brünettes, schwarzes und rotes Haar

Brünett ist ein recht vager Begriff, wenn man darunter die ganze große Skala von Brauntönen verstehen will. Jedes Braun ist anders, es kann Tendenzen zu Rot, zu Blond oder zu Schwarz haben. So muß man bei der richtigen Auswahl der Pflanzenfarbe zuerst feststellen, welche natürliche Farbnuance unterstrichen werden soll. Dann muß man einen Test mit einer Haarsträhne vornehmen, denn jedes Haar reagiert individuell auf Farben. Dauergewelltes oder durch chemische Farben geschädigtes Haar reagiert anders als ungeschädigtes Haar. Mit den Pflanzenfarben können Sie auch variieren und Farben miteinander vermischen, beispielsweise rotfärbendes Henna mit Walnußschalenpulver oder Walnußschalenpulver mit Katechu, womit Sie jeweils ein sanftes Braunrot erzielen. Um die richtigen Mischungen für Ihr Haar herauszufinden, stellen Sie in kleinen Mengen verschiedene Farben zusammen und testen die Wirkung an einer Haarsträhne.

Walnußblätter

Farbspülung: Wenn Sie dunkelbraunem Haar einen sanften braunen Ton verleihen wollen, sollten Sie das Haar mit Walnußblättertee spülen. Bereiten Sie aus den getrockneten Blättern einen starken Teeaufguß, den Sie 10 Minuten durchziehen lassen. Abseihen und das Haar nach der Wäsche damit spülen, danach muß das Haar nicht mehr gewaschen werden. Auch die Walnußblätter sind Heilpflanzen, und als Nebeneffekt sorgt die Spülung für gesundes Haar und gesunde Kopfhaut.

Rotes Sandelholz

Farbspülung: Die Abkochung von rotem Sandelholz gibt an Email Farbe ab, deshalb bringen Sie in einem Stahltopf oder in einem feuerfesten Porzellantopf ½ Liter Wasser zum Sieden, geben eine Handvoll rotes Sandelholz und einen Spritzer Obstessig dazu und lassen die Mischung 15 Minuten bei kleinster Hitze sieden. Danach wird das rote Sandelholzwasser abgeseiht und das Haar nach der Wäsche damit gespült. Es verleiht braunem Haar sanfte Rotreflexe, macht das Haar weich, glänzend und gut frisierbar.

Katechu

Farbspülung: Pulverisiertes oder granuliertes Katechu bekommt man in der Apotheke. Je nach Haarlänge rechnen Sie eine Handvoll Katechu auf ½ Liter Wasser. Das Pulver in kaltes Wasser geben und unter ständigem Rühren zum Kochen bringen. Sobald sich beim Kochen das Pulver aufgelöst hat und die Mischung dicke Blasen wirft, vom Feuer nehmen. Nun kämmen Sie die Flüssigkeit ins gewaschene Haar, danach muß das Haar nicht mehr gewaschen werden. Wenn Sie nicht alle Flüssigkeit aufgebraucht haben, füllen Sie die restliche Mischung in eine Flasche und bewahren sie für die nächste Haarwäsche auf.

Katechu bewirkt eine sehr intensive Farbgebung, sei es am Haar, an der Kopfhaut oder an Stoff. Legen Sie sich ein Handtuch um die Schultern, wenn Sie die rotfärbende Flüssigkeit auftragen. Testen Sie die Farbe an einer Haarsträhne. Schwarzem Haar gibt Katechu einen braunroten Schimmer, braunrotem Haar verleiht Katechu leuchtende Akzente. Katechu wirkt außerdem festigend auf das Haar, wodurch sich die Anwendung von Honig-Haarfestiger erübrigt.

Quebracho

Farbspülung: Eine Handvoll der kleingeschnittenen Quebracho-Rindenteilchen, die man in der Apotheke erhält, gibt man in ½ Liter kochendes Wasser und läßt die Mischung 20 Minuten lang schwach kochen. Nun seihen Sie die rote Flüssigkeit ab und filtern sie durch Kaffeefilterpapier klar. Die rote Spülung gibt ein schönes Tizianrot bei hellerem Haar und frischt die Farbe von langweiligem Braun auf. Auch hier empfiehlt sich der Test an einer Haarsträhne.

Henna

In Apotheken und Naturkostläden erhält man sowohl rotfärbendes wie schwarzfärbendes und neutrales Henna. Rotfärbendes und schwarzfärbendes Henna geben intensive Farben ab, während das neutrale Henna keine Farbe abgibt und als pflegende Packung bei jeder Haarfarbe verwendet werden kann. Henna hat die Eigenschaft, das Haar etwas auszutrocknen; aus diesem Grund vermischt man die Farben – oder die Packung mit neutralem Henna – mit pflegenden Zusatzstoffen.

Hennafärbung und Strähnchen: Je nach Haarlänge rechnen Sie auf eine Tasse Hennapulver ein Eigelb und zwei Eßlöffel Pflanzenöl sowie ein wenig starken schwarzen Tee. Das Hennapulver mit dem Eigelb und dem Olivenöl verrühren und nun langsam so viel Tee zufügen, bis der Brei gut streichfähig ist. Die Mischung sollte einige Stunden durch-ziehen, am besten über Nacht. Dann fügt man dem Brei – falls er zuviel Flüssigkeit aufgesogen hat – erneut ein wenig Tee oder warmes Wasser bei und macht ihn auf diese Weise gut streichfähig.

Auf das gewaschene und leicht vorgetrocknete Haar wird die Farbe mit einem breiten Pinsel gleichmäßig aufgetragen. Zuerst sollten Sie allerdings die Farbe an einer Haarsträhne testen, um danach die Dauer der Einwirkungszeit festlegen zu können. Da Henna intensiv färbt, ist es wichtig, den Test an einer Strähne zu machen, damit Sie keine bösen Überra-schungen erleben! Rotfärbendes Henna gibt fadem Braun einen schönen roten Glanz, blondes Haar oder graues Haar färbt es jedoch hellrot. Schwarzes Henna färbt schwarzes Haar tiefschwarz; zu gleichen Teilen mit rotem Henna gemischt, wird das tiefe Schwarz gemildert.

Nach der entsprechenden Einwirkungszeit wird das Haar gründlich gewaschen. Henna in Verbindung mit Ei und Öl gibt dem Haar herrlichen Glanz und gute Frisierbarkeit, und auch die Packung mit neutralem Henna eignet sich vorzüg-lich für glanzloses Haar.

Wenn Sie mit Henna Strähnchen einfärben möchten, durchlöchern Sie eine Duschhaube – die eng am Kopf anliegen sollte – mit zahlreichen gleichmäßig verteilten kleinen Löchern. Man nimmt dafür eine Stricknadel. Die durchsiebte Duschhaube aufsetzen und nun mit einem Stielkamm ein Strähnchen nach dem anderen herauszie-hen. Die Farbe mit dem Pinsel auftragen und entsprechend lange einwirken lassen. Danach wird das Haar gründlich gewaschen.

Walnußschalen

Auch Walnußschalen gehören zu den intensiven Farbge-bern für braunes Haar. Gleichzeitig wirkt sich die Farbspü-lung oder die Färbung mit Walnußschalen günstig auf das Haar aus, denn die Auszüge aus den Schalen pflegen das Haar und machen es glänzend und gut frisierbar.

Farbspülung: Zerkleinerte Walnußschalen gibt es in der Apotheke. Rechnen Sie eine Handvoll auf ½ Liter Wasser für eine Farbspülung. Die Schalen läßt man eine halbe Stunde im heißen Wasser sieden, dann seiht man die Flüssigkeit ab und massiert sie ins Haar. Danach braucht man das Haar nicht mehr zu waschen. Wenn Sie die Farbspülung intensiver haben wollen, können Sie von folgender Regel ausgehen: Je weniger Wasser man nimmt und je mehr Schalen man darin sieden läßt, desto stärker wird der Farbauszug. Testen Sie die Spülung an einer Haarsträhne, um die Konzentration der Mischung festzulegen. Braunem Haar gibt die Spülung ein sattes, warmes Braun; schwarzem Haar nimmt sie die Härte, die schwarzes Haar oft etwas streng erscheinen läßt.

Walnußschalenfärbung und Strähnchen: Je nach Haarlänge brauchen Sie dazu eine bis drei Tassen Walnußschalen; die Schalen müssen pulverisiert werden, in der Kräuterhandlung kann man die Schalen pulverisieren lassen oder selbst in der elektrischen Kaffeemühle pulverisieren. Nun fügt man dem Pulver einen Spritzer Pflanzenöl hinzu, um es geschmeidig zu machen. Mit etwas warmem Wasser zu einem streichfähigen Brei rühren. Etwa 15 Minuten durchziehen lassen. Wenn der Brei in dieser Zeit zuviel Wasser aufgesogen hat, erneut etwas heißes Wasser zufügen.

Mit einem breiten Backpinsel wird die Farbe auf das einmal vorgewaschene Haar aufgetragen und gleichmäßig verteilt. Ziehen Sie Scheitel für Scheitel, am Schluß durchkämmen und die Farbe verteilen.

Mit der Walnußschalenfärbung erreicht man eine sehr intensive Färbung. Deshalb ist es unbedingt notwendig, vor der Färbung eine Haarsträhne mit der Farbe zu bestreichen und zu prüfen, wie lange die Einwirkung dauern soll. Man kann davon ausgehen, daß nach 20 Minuten Einwirkungszeit die natürliche Haarfabe um einen Ton dunkler gefärbt ist. Als pflegender Farbauffrischer für dunkelbraunes und schwarzes Haar ist die Walnußschalenfärbung gut geeignet.

Wenn Sie mit Walnußschale Strähnchen einfärben wollen, verfahren Sie so, wie es bei den Strähnchen für Henna beschrieben ist. Eine weitere Methode für die Einfärbung von Strähnchen besteht darin, die einzelnen Strähnchen mit Farbe zu bestreichen und sie in Alufolie einzurollen. Ich persönlich ziehe die Methode mit der durchlöcherten Duschhaube vor, weil man hierbei viel weniger Haare auf einmal zu fassen bekommt und die Strähnchen nicht zu breit einfärbt. Es hängt aber auch ein wenig davon ab, welche Farbkontraste man erzielen will. Wenn man mit Walnußschalen schwarzem Haar zur Milderung des Gesamtbildes braune Strähnchen unterziehen will, müssen diese nicht so fein gefächert sein wie etwa Hennasträhnchen auf braunem Haar.

KLEINE PARFÜMERIEWERKSTATT

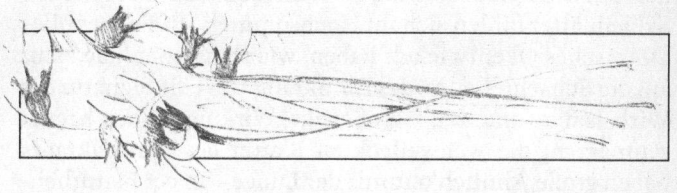

Der erfreuliche Umgang mit duftenden Blüten und Kräutern, mit Gewürzpflanzen, Duftwässern und Parfümölen regt zur intensiveren Beschäftigung mit jenen Pflanzen an, die reich an ätherischen Ölen sind. Das ätherische Öl ist das Herz der Pflanze, und der charakteristische Duft jeder Pflanze hat vielfältige Wirkungen auf Körper und Geist. Die Phantasie der Natur ist üppig und einfallsreich, und will man ihre unendliche Vielförmigkeit verstehen, wird man damit beginnen, die Pflanzen genau *anzusehen*. Vielleicht mit den Augen des Naturphilosophen Johann Arndt, der riet: »Man sollte die Steine wie Pflanzen betrachten, die Pflanzen wie Tiere behandeln, die Tiere wie Menschen ansehen, die Menschen wie Engel lieben.«

An der Form, an der Gesamterscheinung und am Duft wird man mehr oder weniger unbewußt die Individualität der Pflanze erfühlen, und wenn Sie sich länger mit den Pflanzen beschäftigen, werden Sie auch die Pflanzensprache zu deuten wissen. Paracelsus war der Begründer der *Signaturenlehre*, die in jeder Heilpflanze äußere Merkmale, Signaturen, erkannte, die die spezifische Heilkraft für Menschen und Tiere signalisieren. Ausgehend von der Idee, daß unser Körper als Mikrokosmos in engster Beziehung zum Makrokosmos steht und sich in dessen vielförmigen Erscheinungsformen widerspiegelt, gibt es unzählige Beispiele für die Sprache der Natur, die es hier zu verstehen gilt. Die Natursprache wird in der Homöopathie verwirklicht, und auch für die echte Naturkosmetik und die Parfümerie kommen uns die jahrhundertealten Kenntnisse zugute. Denken wir etwa an Salbei, der in der Homöopathie gegen nervöse Schweißausbrüche verschrieben wird: Die frischen Salbeiblätter fühlen sich im Hochsommer, wo sie ihr volles ätherisches Öl entwickelt haben, wie transpirierende Haut an; der Schachtelhalm, das Zinnkraut, trägt die Signatur der Wirbelsäule und zeigt großartige Wirkungen bei Kreuzschmerzen; die weißgefleckten Blätter des Lungenkrauts haben große Ähnlichkeit mit der Lunge – in der Naturheilkunde nimmt man sie gegen Lungenleiden und Asthma; die Melisse zeigt in ihrer Blattform deutlich die Signatur des Herzens, und Melisse wird allgemein gegen Herzleiden und Nervosität eingesetzt; das Johanniskraut stellt in seinen getüpfelten Blättchen die Signatur der Poren dar, und das Johanniskrautöl hat deshalb auch in jeder guten Hausapotheke seinen festen Platz zur Behandlung zahlreicher Hautprobleme.

In der Aromatherapie führte der Weg zur Heilung über die Atmung. Durch das hochsensible Sinnesorgan Nase gelangen die heilenden Duftstoffe über die Atmung in den Organismus, sie beeinflussen das zentrale Nervensystem und mobilisieren über Körper und Geist die körpereigenen natürlichen Abwehrkräfte. Jeder Mensch trägt die Fähigkeit zu seiner Heilung in sich, und das Ziel der Aromatherapie besteht darin, die Aktivierung der körpereigenen Kraft durch Stimulanz der Düfte anzuregen. Von den rund 200 000 Pflanzenarten, die auf der Erde vorkommen, enthalten etwa 1700 ätherisches Öl, und die menschliche Nase vermag Millionen Duftvarianten zu unterscheiden. In der Riechstoffkunde werden jahrhundertealte Traditionen der Heilung fortgesetzt, und es bleibt zu wünschen, daß in unserer modernen Industriegesellschaft die Rückbesinnung auf die Heilung durch Reaktivierung der körpereigenen Naturkräfte sich gegen die menschen- und naturfremden Heilmethoden der Schulmedizin durchsetzen wird.

Ein weiterer Aspekt der Riechstoffkunde umfaßt die alten Traditionen über die Erkenntnisse der Beziehung zwischen Pflanzen und Sternen. So wie Metalle bestimmten Pflanzen zugeordnet werden – Gold der Sonne, Silber dem Mond, Eisen dem Mars, Quecksilber dem Merkur, Zinn dem Jupiter, Kupfer der Venus und Blei dem Saturn –, so stellt man auch die Pflanzenwelt in ihren kosmischen Bezug zu den Planeten. Altes Wissen wurde in der Kolloidalchemie bestätigt, wonach diese Metalle in sieben Baumarten gefunden wurden: Quecksilber in der Linde, Kupfer in der Birke, Gold in der Buche, Eisen in der Eiche, Zinn in der Pappel, Blei in der Kiefer und Silber im Kirschbaum. Daß beispielsweise die Säfte in den Pflanzen bei jeder Mondphasenänderung steigen und fallen, sich auch mit jeder anderen Sonnen- und Mondkonstellation anders gruppieren, erachtet jeder Bauer, Fischer oder Forstmann als selbstverständlich, ohne über weitere kosmische Bezüge nachzudenken. In alten naturwissenschaftlichen Schriften über die Beziehungen der Sterne zu den Pflanzen heißt es, der Makrokosmos (das Weltall) ist der Vater des Mikrokosmos (der Welt im kleinen); die äußere Welt ist der Spiegel, worin der Mensch sich erkennen kann, denn zwischen beiden gibt es keinen *grundlegenden* Unterschied. Es besteht die Analogie zwischen dem sichtbaren Makrokosmos und dem unsichtbaren Mikrokosmos, denn alles, was im Menschen verborgen und unsichtbar ist, offenbart sich im Universum. Die Eltern des Menschen sind der Himmel und die Erde, also sind der Mensch, das Tier, die Pflanze und die Mineralien nur eine Wiederholung der gesamten Welt in verkürztem Maßstab. Die Schöpfung, die Materie, untersteht mit allen ihren Einzelindividuen dem gesamten Planetensystem. Und für jedes Einzelwesen herrschen bestimmte Einflüsse vor, die seiner Disposition entsprechen.

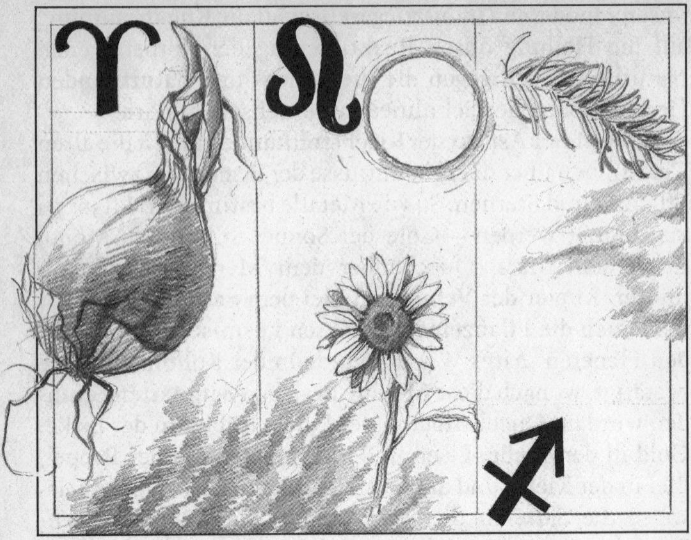

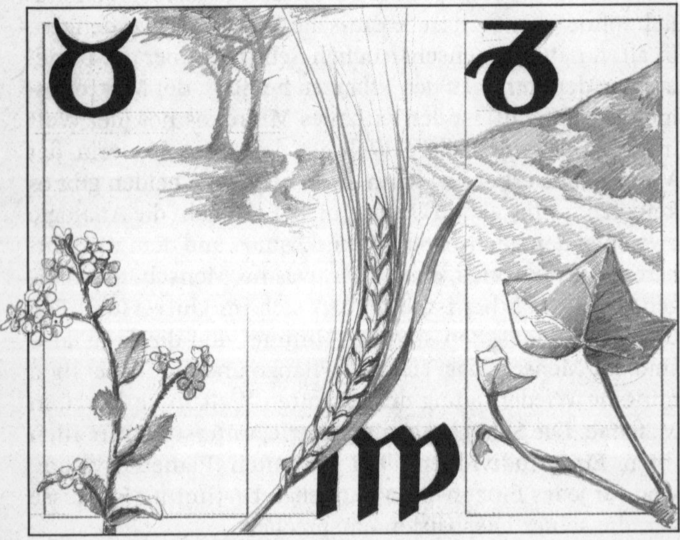

217

Hier treffen wir auf Übereinstimmungen, die einen weiten Bogen unterschiedlichster geistiger, naturwissenschaftlicher oder naturheilkundiger Erfahrung umspannen: von Paracelsus bis zum Wissen der Schamanen, von Oswald Crollius bis Rudolf Steiner, der die Beziehung zwischen Mensch und All in ihrer Polarität charakterisiert hat. Die Zuordnung einzelner Pflanzen zu den Tierkreiszeichen ist so alt wie die Geschichte der Menschheit. Sowohl in den religiös-medizinischen Riten der Naturvölker, in der Naturheilkunde, in der Ernährung wie in der Körperpflege wird die Individualität einer Pflanze in Verbindung mit der Disposition des Sternzeichens gebracht.

Pflanzen und Tierkreiszeichen

WIDDER Ginster, Stechpalme, Distel, Klette, Farnkraut, Knoblauch, Hanf, Senf, Brennessel, Zwiebel, Radieschen, Mohn, Rhabarber, Pfeffer, Schachtelhalm

STIER Mangold, Wegerich, Flachs, Rittersporn, Akelei, Gänseblume, Löwenzahn, Kürbis, Huflattich, Flieder, Moos, Spinat, Kartoffel, Primel, Vergißmeinnicht

ZWILLINGE Jasmin, Wiesenkraut, Geißblatt, Rainfarn, Eisenkraut, Schafgarbe, vielverzweigte Bäume, Birke, Lorbeerbaum

KREBS Kürbis, Gurke, Melone, alle Wasserpflanzen, wie Binse und Seerose, Kohl und Pilze

LÖWE Kamille, Primel, Dill, Heckenrose, Augentrost, Fenchel, Lavendel, Flieder, Mohn, Chrysantheme, Minze, Mistel, Petersilie, Rose, Sonnenblume, Eiche, Holunder

JUNGFRAU Endivie, Hirse, Kopfsalat, Waldgeißblatt, Sandelholz, Baldrian, Gerste, Hafer, Roggen, Reseda, Apfelbaum

WAAGE Brunnenkresse, Rose, Erdbeere, Primel, Veilchen, Melisse, Zitronenbaum, Stiefmütterchen, Lilie

SKORPION Schlehe, Rübe, Heidekraut, Bohne, Brombeerstaude, Lauch, Wermuth, Brennessel, Distel, Ahorn

SCHÜTZE Odermenning, Begonie, Malve, Buche, Palme

STEINBOCK Schierling, Bilsenkraut, Tollkirsche, Mohn, Fichte, Pappel, Zypresse, Efeu, Kiefer

WASSERMANN Indische Narde, Myrte, Alpenrose, Kakteen, Nelke

FISCHE Alle Seepflanzen und Gräser, Farnkraut, Moose, die im Wasser wachsen, Herbstzeitlose, Orchidee, Mimose, Ulme

Parfümerie zu Hause

Im Luxusgarten der Natur verströmen Blumen, Kräuter, Gewürze und Früchte ihren bezaubernden Duft. Blütenduft kann man nicht nur riechen, man fühlt ihn mit allen Sinnen. Denken Sie an Veilchen, und Sie verspüren neben ihrem Wohlgeruch ihre zärtliche Melancholie, der Jasmin betört uns mit schwerer Süße, die Mimose mit dem Liebreiz des Frühlings, das Aroma von Pfefferminze, von Rosen, Rosmarin und Thymian erinnert uns an glückliche Sommertage. Stimulierende Düfte waren von jeher die geheimnisvollen Verbündeten der Schönheit und des Wohlbefindens: Wohlduftende Räume, angenehm duftende Wäsche und Kleider empfinden wir als reizvoll und behaglich.

Vom schlecht parfümierten Waschmittel bis zum Weichspüler, vom unangenehm riechenden Raumspray bis zur Toilettendufthilfe, vom billig parfümierten Kosmetikum bis zum penetrant riechenden Haarspray sind wir heute umgeben von der schlimmsten Unkultur der Riechstoffe. Es ist wie ein Sieg der Banalität, wenn man die Geschichte der Riechstoffkunde betrachtet, und wenn heute die Fertigprodukte nur noch die Namen der köstlichsten Parfümöle zur Attraktion des Produkts tragen, wie etwa Tannenduft, Rosen- oder Zitronenduft, so ist dies die einzige Rückbesinnung auf das Original, dessen minderwertige Kopie an Banalität kaum zu überbieten ist.

Wie man in der Schönheitspflege die schlechte Kopie durch das Original ersetzt, haben wir in den vorhergegangenen Kapiteln gesehen. Nun geht es darum, die Duftkultur im eigenen Haus wieder zu neuem Leben zu erwecken; für die Wohnräume, für den Kleider- und den Wäscheschrank, für den Schuhschrank und für die Waschmaschine – für alle Dinge gibt es den besseren, nämlich den natürlichen Ersatz.

Potpourri

Unter *Potpourri* versteht man ein aus verschiedenen Melodien zusammengesetztes Musikstück, auch ein buntes Allerlei oder ein aus verschiedenen Zutaten zusammengekochtes Eintopfgericht. Die verschiedenartige Zusammenfügung von Materialien ist auch die Grundidee des Potpourris mit Blüten, Blättern, Rinden, Schalen und Parfümölen.

Wenn *Potpourri* ein aus verschiedenen Melodien zusammengesetztes Musikstück bedeutet, dann gibt es dazu eine sehr interessante Parallele des französischen Osmologen Piesse. Er sagte, die Zuordnung der Pflanzen zu den Tönen der Musik sei wie eine Tonleiter der Duftnoten und die Gesamtwirkung der Töne des Duftes so harmonisch wie eine gute Komposition. Hier sind seine Riechstoffzusammenstellungen nach den harmonischen Prinzipien des musikalischen Denkens, entsprechend der Tonleiter:

c Veilchen, Akazie, Tuberose, Zitronenblüte, frisches Heu, Eberraute

d Bittere Mandel, Portugal, Narzisse, Pfeifenstrauch, Pfefferminze e Bergamott, Zeder, Ambra, Magnolie, Lavendel

f Minze, Ananas, Zitrone

g Patchouli, Vanille, Steinbrech, Storax, Gewürznelke, Sandelholz

a Heliotrop, Lilie, Moschus, Riechbohnen, Tolonbalsam, Zimt, Rose

h Waldrebe, Kalmus, Pergularia, Perubalsam, Geranie, Nelke

Potpurri-Zubereitung: Duftende Blüten, Blätter, Rinden, Schalen, Gewürze und Parfümöle sind die Grundlagen des Potpourris. Die duftenden Rohstoffe werden zusammen mit einem Füllstoff vermischt, mit Parfümölen beträufelt und in eine schöne Glasvase abgefüllt. So verströmt das Potpourri seinen köstlichen Duft im ganzen Haus, in den Schlaf- und Wohnräumen, in Bad und Toilette, im Hausflur oder auch in der Küche, wenn man die Mischung mit köstlich duftenden Gewürzen herstellt.

Die Abfüllung in ein formschönes Glasgefäß hat den Vorteil, die hübschen Farben und Formen der eingelegten Pflanzen sehen zu können, und ein hübsch zusammengestelltes Potpourri ist ein Kunstobjekt, nicht nur für die Nase eine Freude, sondern auch für das Auge. Im Lauf der Zeit wird der Duft des Potpourris nachlassen. Nun kann man die eingelegten Pflanzenteile erneut mit verschiedenen Parfümölen beträufeln. Es ist außerdem sinnvoll, ein Glasgefäß zu verwenden, das sich verschließen läßt. So spart man den Duft, wenn man für längere Zeit einmal von zu Hause abwesend ist.

Füllstoffe: Um Parfümöle besser haftbar zu machen, untermischen Sie den Pflanzenteilen Füllstoff. Hierbei gibt es verschiedene Möglichkeiten. Als Füllstoff verwendet man in der Parfümerie Veilchenwurzelpulver, das ein hervorragender Träger und Bewahrer von Duftölen ist. Man kann auch aus Watte kleine Bällchen zupfen, die man zwischen die Blüten- und Kräutermischung streut. Auch Watte hält

Parfümöle recht gut. Eine andere Möglichkeit besteht darin, Sägemehl unter die Mischung zu heben. Sägemehl nimmt Parfümöl gut auf und bewahrt es gut. Unter einem üppigen Gemisch von Blüten und Pflanzen wird das Sägemehl auch in der Glasvase nicht als Sägemehl identifiziert, es verunstaltet also keineswegs das schöne Kunstobjekt!

Rosen-Lavendel-Potpourri

Hierzu vermischen Sie – abhängig von der Größe Ihrer Potpourri-Vase – zu gleichen Teilen getrocknete Rosenblütenblätter und Lavendelblüten. Nun Füllstoff unterziehen. Ein wenig zerstoßene Zimtstange und Gewürznelken dazugeben. Mit Rosenöl, Rosenholzöl und etwas Zimtöl parfümieren, durchmischen und abfüllen. Für Wohn- und Schlafräume geeignet.

Blumen-Potpourri

Je nach Größe Ihrer Potpourri-Vase besteht der Hauptanteil des Blumen-Potpourris aus getrockneten Rosenblütenblättern. Die getrockneten Rosenblüten vermischen Sie mit Lavendelblüten, Orangenblüten, Nelkenblüten und Füllstoff. Einige Lorbeerblätter, geriebene Muskatnuß, zerstoßene Zimtstange und Gewürznelken einstreuen. Mit Orangenblütenöl (Neroli), Ylang-Ylang und Nelkenöl parfümieren. Für Wohn- und Schlafräume geeignet, aber auch für Bäder.

Gewürz-Potpourri

Einen Teil Rosenblüten mit Lavendelblüten vermischen. Mit Sternanis, Gewürznelken, Koriander und ein wenig zerstoßener Zimtstange würzen. Mit Füllstoff auffüllen, mit Jasminöl, Geraniumöl, Petitgrainöl und Patchouliöl parfümieren. Durchmischen und abfüllen. Ein köstliches Potpourri, für Wohnräume, Bad und Küche geeignet.

Provenzalisches Potpourri

In diesem Rezept vereinigen Sie die wohlriechenden Kräuter der Provence: Rosmarin, Thymian, Salbei, Lorbeerblatt, Lavendel und Rosenblüten. Füllstoff unterziehen. Die Schale einer Zitrone hauchfein abschälen, gut trocknen lassen und dazugeben. Mit Rosmarinöl und Bayöl oder mit Lorbeeröl und Petitgrainöl parfümieren. Ein schönes Geschenk für Freunde der französischen Küche, und in der Küche findet das provenzalische Potpourri auch seinen besten Platz.

Pfefferminz-Potpourri

Hierzu vermischen Sie Pfefferminzblätter, Thymian und Lavendelblüten, den Füllstoff unterziehen. Mit zerstoßenem Koriander, Gewürznelken, Muskatnuß und Kümmel würzen. Mit Pfefferminzöl und ein wenig Lavendelöl parfümieren. Ein erfrischend duftendes Bouquet für Badezimmer und Toilette.

Zypressen-Potpourri

Kleine Zweige von Tannen und Latschen mit Rosenblüten und Lavendelblüten vermischen, ausreichend Füllstoff unterziehen. Sternanis und Gewürznelken unterziehen. Mit Zypressenöl und ein wenig Rosenholzöl parfümieren. Ein etwas herber, würziger Duft, für Arbeitsräume gut geeignet.

Orangenblüten-Potpourri

Je nach Größe Ihrer Potpourri-Vase schälen Sie eine oder mehrere Orangen hauchfein ab. Die Schalen ausbreiten und gut trocknen lassen. Die getrockneten Orangenschalen mit Orangenblüten und Füllstoff vermengen, mit Vanillestange, Vanillezucker und Gewürznelke mischen. Alles vermengen und mit Orangenblütenöl (Neroli) und Bergamottöl parfümieren. Ein schönes Bouquet für Schlaf- und Wohnzimmer.

Schöne-Gärtnerin-Potpourri

Ähnlich wie man einen Rumtopf ansetzt, indem man die Früchte der Jahreszeit sammelt und lagenweise in Alkohol einlegt, wird das Schöne-Gärtnerin-Potpourri zubereitet. Vom Frühjahr bis zum Herbst sammeln Sie die duftenden Blüten aus Ihrem Garten und breiten sie jeweils im Schatten zum Trocknen aus. Sobald die Pflanzenteile gut getrocknet sind, werden sie in die Potpourri-Vase eingelegt. Tulpen, Veilchen, Verbenen, Phlox, Ringelblumen, Malvenblüten, Rosmarin, Lavendel, Thymian und Melisse, Pfefferminze, Liebstöckl und Salbei. Nach jeder Lage streuen Sie ein wenig Füllstoff über die Pflanzen und geben ein paar Tropfen Parfümöl darüber. Lavendelöl, Rosenöl, Bayöl, Petitgrainöl, Lorbeeröl, Veilchenöl, Fliederöl, Rosenholzöl, Nelkenöl, Ylang-Ylang, Zypressenöl, sie alle sind geeignet. Im späten Herbst ist Ihr individuelles Bouquet für den Winter zubereitet und wird Sie den ganzen Winter über mit seinem schönen Duft erfreuen.

Sachets

Zutaten
Duftende Blüten, Blätter, Kräuter · Füllstoff
Parfümöl · Leinen oder Futterseide

Zubereitung: Sachets nannten unsere Großmütter die duftenden Riechkissen, die man in den Kleiderschrank legte oder zwischen die Wäsche oder unter das Kopfkissen, was süßen Schlaf und angenehme Träume garantierte. Die duftenden Kissen sind ganz einfach herzustellen: Man näht kleine Stoffbeutel, etwa 10 cm breit und 15 cm hoch, aus Leinen, aus farbiger Futterseide oder aus Baumwolle. Die Füllung für das Duftkissen sucht man aus einer Vielzahl von duftenden Pflanzenteilen aus. Die getrockneten Pflanzenteile oder die jeweiligen Mischungen aus Blüten, Blättern und Kräutern sowie einem Füllstoff, der sich als Duftträger eignet, mit ein wenig Parfümöl beträufeln, alles gut durchmischen und das Säckchen prallvoll damit füllen. Mit einem passenden Seidenbändchen zubinden.

Füllstoffe: Um das Parfümöl in der Kräutermischung gut haftbar zu machen, gibt es unterschiedliche Methoden: Man kann Veilchenwurzelpulver einstreuen, das als vorzüglicher Träger für Parfümöle gilt; man kann auch mehrere kleine Wattebäusche zupfen oder Mullfleckchen zwischen die Kräutermischung streuen, auch sie nehmen Parfümöl gut an; eine andere Herstellungsmethode früherer Tage bestand darin, Sägemehl zwischen die Kräutermischung zu streuen. Das Sägemehl nimmt Parfümöle sehr gut auf und ist als Duftträger gut geeignet.

Hier einige Vorschläge für die Sachet-Füllungen:

Lavendel-Sachet

Füllung: Lavendelblüten und Füllstoff zu gleichen Teilen mischen

Parfümierung: Lavendelöl

Orangen-Sachet

Füllung: Rosenblüten, Orangenblüten, getrocknete Orangenschale, zerkleinerte Vanillestange, Füllstoff

Parfümierung: Orangenblütenöl (Neroli), Santaliöl

Patchouli-Sachet

Füllung: Rosenblätter, getrocknete Zitronenschale, Muskatnuß, Füllstoff

Parfümierung: Patchouliöl und Ylang-Ylang

Rosen-Sachet

Füllung: Rosenblätter und Füllstoff zu gleichen Teilen mischen

Parfümierung: Rosenöl synth. oder Rosenholzöl

Wacholderholz-Sachet

Füllung: Rosenblüten, Rosmarin, Pfefferminze, Füllstoff

Parfümierung: Wacholderholzöl

Weißdorn-Sachet

Füllung: Weißdornblüten, Weißdornblätter, Füllstoff

Parfümierung: Bergamottöl oder Bayöl

Würziges Sachet

Füllung: Rosmarin, Lavendel, Thymian, Pfefferminze, Gewürznelken, Füllstoff

Parfümierung: Rosmarinöl und Nelkenöl

Zitronen-Sachet

Füllung: Melissenblätter, getrocknete Zitronenschale, Füllstoff

Parfümierung: Zitronenöl und Lemongrasöl

Zypressen-Sachet

Füllung: Tannennadeln, getrocknete Zitronenschale, Sternanis, Füllstoff

Parfümierung: Zypressenöl oder Edeltannenöl

Alternatives Wäschewaschen

Über die Umweltbelastung der gängigen Waschmittel, Weichspüler und Enthärter durch ihren Gehalt an Tensiden, Phosphaten, Aufhellern, Bleichmitteln, Enzymen, Perborataktivatoren und Stabilisatoren ist hinreichend informiert worden. Auch daß die in der Wäsche verbleibenden Weichspüler, insbesondere bei Kunststoff, in Verbindung mit der natürlichen Hautfeuchtigkeit und Wärme erneut lösbar werden und von der Haut resorbierbar sind, spricht sich langsam überall herum. Auch hier beruft sich die Waschmittelindustrie in gewohnter Verantwortungslosigkeit wieder einmal auf Tierversuche, Politiker legen Höchstmengenverordnungen fest, und diese insgesamt lebensfeindliche Regulierung berücksichtigt nie die sich im Organismus des Verbrauchers ansammelnden Gifte, für die es keine Höchstmengenverordnung, sondern nur Krankheit gibt.

Alternative Waschmittel mit hohem Seifenanteil und teilweise vollständigem Verzicht auf Phosphate, Bleichmittel, Enzyme, optische Aufheller und Duftstoffe bekommt man in Naturkostläden. Das Waschen auf Seifenbasis ist zwar haut- und umweltfreundlich, bringt jedoch für die Wäsche nicht das gewohnte weißeste Weiß. Wenn man nun daran denkt, daß unsere Großmütter ohne chemische Waschmittel blütenweise Wäscheschränke vorzuweisen hatten, so sind auch die althergebrachten Waschmittel und Waschmethoden für moderne Waschmaschinen durchaus anwendbar.

Der klassische haut- und umweltfreundliche Aufheller ist die Reisstärke. Reisstärke bekommt man kiloweise in der Apotheke, sie wird dort unter der Bezeichnung *Amylum Oryzae* geführt. So gebe ich in den ersten Waschgang die jeweils vorgeschriebene Menge von seifenbasiertem Waschpulver, etwa Lavexan, in den zweiten Waschgang zu gleichen Teilen Waschpulver und Reisstärke. In das für den Weichspüler vorgesehene Fach kommt ein Kaffeelöffel Reisstärke und ein paar Tropfen Parfümöl. Rosmarinöl, Lavendelöl, Pfefferminzöl oder Zitronenöl geben der Wäsche schönen Duft.

Die Reisstärke bewirkt eine natürliche Bleichung und sanfte Stärkung der Wäsche, die man auf der Haut wesentlich angenehmer empfindet als chemisch weichgespülte Wäsche.

Auch für die Buntwäsche kann man die Reisstärke verwenden, ohne die Wäsche auszubleichen. Die Parfümöle erzielen den angenehmen frischen Duft, den man sich von frischer Wäsche wünscht.

Ein ideales Entkalkungsmittel für die Waschmaschine – oder für das Klarspülfach in der Spülmaschine – ist der Essig. Die Waschmaschine läßt sich mit Essigessenz entkalken, für die Spülmaschine verwende ich im Klarspülfach Obstessig.

Sowohl Essig wie auch Schmierseife gehören in meinem Haushalt zu den bevorzugten Reinigungsmitteln. Die Schmierseife ist ein ideales Putzmittel, und Essig eignet sich vorzüglich zum Reinigen von Fenstern, von Glas und zum Nachreinigen seifenunlöslicher Kalkrückstände, etwa im Wasch- und Spülbecken.

Duft-Dosen

Cassolette

Zutaten
10 g Tragant pulv. · 1 Eßlöffel Glycerin
100 g warmes Wasser · 30 g Veilchenwurzelpulver
10 g gemahlener Zimt · 20 Gewürznelken
10 g Benzoe-Tinktur · 8 Eßlöffel Parfümöl

Zubereitung: Als Cassolettes bezeichnet man duftende
Riechdosen, die mit einem aromatischen Teig gefüllt werden. Diesen Dufteig nennt man in der Parfümerie Pâte
d'Espagne, und traditionsgemäß wird die Spanische Pastete
mit orientalischen Duftnoten angereichert, wie etwa mit
synthetischem Moschusöl, Bergamottöl, Rosenöl, Zypressenöl. Man kann den Duft aber auch variieren und statt der
schweren Duftnoten leichte, erfrischende Parfümöle nehmen. Es hängt vom Geschmack ab und davon, für welchen
Zweck man später die Riechdose gebraucht.

In einer Porzellanschüssel verrühren Sie das Tragantpulver mit dem Glycerin und fügen nun langsam und portionsweise das warme Wasser hinzu. Die Mischung glatt rühren;
falls sich kleine Klümpchen gebildet haben, spielt das für
die weitere Fertigung keine Rolle. Die Schüssel bedecken
und über Nacht stehen lassen. Nun bildet sich ein zäher
Schleim; sobald dieser Schleim zäh genug ist und kein
Wasser mehr an der Oberfläche zu sehen ist, rühren Sie
zuerst das Veilchenwurzelpulver unter. Nun geben Sie die
übrigen Gewürze in der aufgeführten Reihenfolge dazu,
wobei Sie die Mischung immer wieder glatt rühren müssen.
Bei der Auswahl der am Schluß beizufügenden Parfümöle
eignen sich folgende Duftnoten: Jasminöl mit Bergamott-
und Zitronenöl; Rosenöl, Rosenholzöl, Ylang-Ylang mit
Zypressenöl; Lorbeeröl mit Nelkenöl und Bayöl; Edeltannenöl mit Zitronenöl und Zimtöl; Zitronenöl, Lemongrasöl und Petitgrainöl.

Sobald Sie alle Zutaten gründlich verrührt haben, wird die Mischung in eine Duftdose gefüllt. Es gab früher zu diesem Zweck kleine Schreine, die mit ornamentartigen Öffnungen verziert waren. Ein solches Gefäß wird man heute schwer bekommen, weshalb man den Duftteig auch in eine formschöne Blechdose abfüllen kann. Mit Hilfe von Hammer und Nagel wird der Deckel der Dose durchlöchert. Damit die Dose ein hübsches Aussehen bekommt, kann man sie zusätzlich mit farbigem Papier oder Stoff beziehen.

Die Duftdose verteilt den Duft gleichmäßig und angenehm im Raum, und man kann sie überall dort aufstellen, wo man Luftverbesserung wünscht, zum Beispiel im Schuhschrank, auf der Toilette oder im Bad.

Duftendes Fett-Döschen

Zutaten
20 g Kokosfett · 3 Kaffeelöffel Parfümöl

Zubereitung: Kokosfett (Palmin) bekommt man in jedem Lebensmittelgeschäft. Je nach Größe der Dose, in die Sie später die duftende Mischung abfüllen wollen, rechnen Sie auf 20 g Kokosfett 3 Kaffeelöffel Parfümöl. Das Kokosfett auf dem Wasserbad schmelzen. Vom Feuer nehmen und etwas abkühlen lassen. Nun das Parfümöl einrühren.

Wieder gibt es eine Vielzahl von Duftnoten und Kompositionen, die für die Parfümierung in Frage kommen. Lavendel und Rosmarin; Zitrone, Zimt und Nelkenöl; Rosenholz-, Vetiver- und Wacholderholzöl; Edeltannen- und Zitronenöl; Rosenöl und Bayöl; Lorbeeröl und Bayöl; Mandarinen- und Zitronenöl; Fenchelöl, Zypressenöl, Flieder- und Veilchenöl.

Füllen Sie die Flüssigkeit in eine kleine Dose. Sie können die Dose offen stehen lassen oder mit einem durchlöcherten Deckel versehen. In Toilette und Bad verströmt die Dose angenehmen Duft und ersetzt auf elegantere Weise die schlecht parfümierten WC-Duftverbesserer.

Duftkerze im Glas

Zutaten
60 g Wachskerzenreste · 2 Kaffeelöffel Parfümöl

Zubereitung: Stellen Sie zuerst ein feuerfestes Glas von etwa 100 ml Inhalt bereit. Das Glas sollte etwas schmäler sein, als eine Wäscheklammer lang ist, denn diese brauchen Sie später zur Fertigung der Duftkerze! Den Docht für Ihre Duftkerze bekommen Sie fertig abgepackt oder als Meterware in Hobbyläden. Die Kerzenreste auf dem kochenden Wasserbad in einer feuerfesten Porzellanschüssel schmelzen, die schwimmenden Kerzendochte entfernen. Nun klemmen Sie den neuen Kerzendocht in die innere Halterung der Wäscheklammer, legen Sie die Wäscheklammer auf das Glas, so daß der Docht in der Mitte des Glases bis zum Boden hängt. Die geschmolzenen Wachsreste vom Feuer nehmen und auf eine Temperatur von 50 Grad abkühlen lassen. Nun müssen Sie rasch arbeiten, bevor das Wachs weiter abkühlt. Die Parfümöle zugeben, die Mischung schwenken und in das Glas einfüllen. Bei Zimmertemperatur abkühlen lassen. Den Docht zuschneiden. Bewahren Sie die Duftkerze im Glas stets bedeckt auf, damit sich das Parfüm möglichst lange halten kann.

Zur Parfümierung der Duftkerze gibt es zahlreiche Möglichkeiten. Wählen Sie unter den vielen Duftnoten diejenige aus, die Ihrer Nase am liebsten ist. Hier einige Vorschläge: Zypressenöl, Wacholderholzöl, Rosenholzöl, Sandelholzöl und Lorbeeröl für herbe Duftnoten. Rosenöl, Nelkenöl, Jasminöl, Fliederöl, Petitgrainöl, Orangenblütenöl, Bergamottöl für blumige Duftnoten; Rosmarinöl, Pfefferminzöl, Zitronenöl, Lemongrasöl, Edeltannenöl, Latschenkiefernöl, Fenchelöl für fruchtige Duftnoten.

Zündet man die kleine Duftkerze an, verbreitet sie ihren zarten Duft im ganzen Haus. Je nach Wahl der Duftnote kann man sie in Wohnräumen, Schlafräumen oder Arbeitsräumen aufstellen.

Riechsalzfläschchen

Zutaten
3 Kaffeelöffel Glaubersalz · 1 Kaffeelöffel Vanillezucker
1 Messerspitze gemahlener Zimt
1 Messerspitze gemahlene Gewürznelke
1 Messerspitze gemahlener Anis
1 Kaffeelöffel Parfümöl nach Wahl
½ Kaffeelöffel Alkohol (70 %)

Zubereitung: Verwenden Sie für die Abfüllung des Riechsalzfläschchens ein dunkles Apothekerglas von 30 ml Inhalt mit breiter Öffnung, so daß Sie alle Zutaten gut einfüllen können. Das Salz und die gemahlenen Gewürze in eine Tasse geben und vermischen. Nun lösen Sie das Parfümöl im Alkohol und parfümieren unter ständigem Umrühren tropfenweise die Salzmischung. Am besten nehmen Sie dazu einen kleinen Holzkochlöffel oder einen Mörser, mit dem sich die Mischung gut zerreiben läßt. Geben Sie einen Tropfen zu, zerreiben Sie und fahren Sie so fort, bis alles untermischt ist. Dann füllen Sie das Riechsalz in das dunkle Fläschchen ab und bewahren es gut verschlossen auf.

Zur Parfümierung des Riechsalzfläschchens gibt es wieder zahlreiche Möglichkeiten. Das Einatmen des Duftes hat bestimmte Wirkungen auf die Psyche und den Körper. So kann man belebende und erfrischende Duftnoten nehmen, beispielsweise Melisse, Pfefferminze, Eukalyptus, Edeltanne, Latschenkiefernöl, Rosenöl, Orangenblütenöl. Etwas beschwingtere Duftnoten sind Jasmin, Veilchen, Flieder. Würzig herbe Düfte sind Zypresse, Wacholderholz, Sandelholz, Rosenholz. Auch Mischungen verschiedener, sich untereinander ergänzender Duftnoten kann man einsetzen.

Riechsalzfläschchen kann man immer und überall gebrauchen: im Büro, auf dem Nachttisch, auf Reisen. Je nach Wahl der Duftnote bringt das Einatmen entsprechend belebende, stimulierende oder beruhigende Wirkung.

Peau d'Espagne

Zutaten
2 Lederherzen aus Waschleder
½ Kaffeelöffel Tragant pulv.
1 Kaffeelöffel Glycerin · 1 Eßlöffel warmes Wasser
2 Eßlöffel Alkohol (70%) · 2×1 Kaffeelöffel Parfümöl

Zubereitung: Peau d'Espagne nennt man das mit Parfüm-
duft imprägnierte Spanische Leder, welches man als Sachet
für die Handtasche, den Koffer, für den Wäscheschrank oder
als Duftspender für den Schreibtisch benutzen kann.
Waschlederherzen bekommt man im Kaufhaus zum Beset-
zen von Pulloverärmeln; Tragant und Glycerin erhält man
in der Apotheke.

Geben Sie den Alkohol und einen Kaffeelöffel Parfümöl
nach Ihrer Wahl in einen Suppenteller und legen Sie die
beiden Lederherzen hinein. Sie sollen richtig durchtränkt
werden. Zum anschließenden Trocknen legen Sie die Herzen auf ein kleines Gitter, damit sie von unten Luft bekommen. Die Herzen sollen bei Zimmertemperatur trocknen,
und damit sie nicht hart werden und ihr Duft nicht verfliegt,
darf man sie weder auf die Heizung legen noch in der Sonne
trocknen lassen; am besten läßt man die Herzen über Nacht
liegen.

Auch der Tragantschleim, mit dem die Herzen später
zusammengeklebt werden, braucht einige Stunden zum
Durchziehen. Man gibt das Tragantpulver in eine Tasse und
rührt es zügig mit dem Glycerin an. Nun gibt man den
Eßlöffel warmes Wasser langsam dazu und rührt die Mischung glatt. Die Mischung bedeckt über Nacht stehen
lassen.

Nun rühren Sie den zweiten Kaffeelöffel Parfümöl unter
den Tragantschleim und bestreichen mit dieser zähen Mischung die Innenseiten der getrockneten Lederherzen. Die
beiden Teile aufeinanderlegen und festdrücken, austreten-
den Schleim entfernen. Zwischen zwei Blätter Alufolie

legen und mit einem Gewicht beschweren. Man kann dazu ein paar dicke Bücher nehmen, einen Eisentopf oder ein anderes Gewicht. Über Nacht pressen und eventuell die Form nochmals sauber nachschneiden oder umsäumen.

Bei der Auswahl der Parfümierung für die Lederherzen werden Sie jene Duftnoten vorziehen, die Sie für Potpourris, für Sachets oder für Riechsalzfläschchen verwendet haben. Sie können intensive Duftnoten einsetzen, etwa Bergamott-öl, Petitgrain, Bayöl; oder für Männer herbe Duftnoten, wie Zypresse, Wacholderholz, Sandelholz, Rosenholz, Vetiver.

REGISTER

235

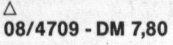